내가 본 파리

위그노의 길을 따라

위그노들이 겪은 고난과 순교의 이야기

진병철 지음

내가 본 파리
위그노의 길을 따라
위그노들이 겪은 고난과 순교의 이야기

진병철 지음

LORO
LouvreOrsayRodin

열린북스
Open Books Publishing

존 캘빈(John Calvin)은 알아도 장 칼뱅(Jean Calvin)은 모른다?

파리에 와서 20년 넘게 살면서 많은 명소를 돌아 봤다.
파리는 겉 모습이 멋진 곳이 많다.
그런데, 알고 보면 속 깊이 아픈 곳도 무척이나 많다.
그 아픈 내면을 들여다 보고 정체를 알고나면, 더욱 매료되는 경우가 많은 곳이 파리이다.

위그노가 그렇다.
장 칼뱅의 후예들을 위그노라 한다.
프랑스 출신 종교 개혁가 장 칼뱅의 영어식 표기가 존 캘빈이다.
한국의 영어 세력에 비하면 프랑스어는 너무 작은 것이 사실이다.
하지만, 존 캘빈은 알아도 장 칼뱅은 모른다는 것도 웃픈 사실이다.

프랑스는 전통적 가톨릭 국가였다. 프랑스 출신 교황만 16명이다. 국정 휴일 중, 기독교 관련한 날들이 많다. 부활절, 예수 승천일(부활절 40일 후), 오순절(부활절 50일 후), 성모 승천일(8월 15일), 만성절(11월 1일), 성탄절(12월 25일) 등.

그러나, 오늘날 그 많은 성당에 교인들이 별로 없다.
1905년 12월 9일 정교분리법(Loi de Séparation des Eglises et de l'Etat)을 제정하여 공식적으로 세속화(Laïcité) 선언을 한 이후로 나타난 현상이다.
프랑스의 개신교는 가톨릭 세력에 의하여 박해를 받아 뿌리가 뽑혔거니와, 가톨릭 마저도 이제 거의 뿌리가 뽑힌 상태이다.

한편, 이 지구상에는 한국을 비롯한 수많은 나라에 여러 종교가 있으며, 정도의 차이는 있어도 어디에나 부패가 만연하고, 특히 자신들의 종교이외의 다른 종교에는 잔인하게 적대 행위를 하고 있다. 이러한 어지러운 세상에 위그노정신이 필요하다고 믿는다.

왜 위그노인가?
모진 박해 속에 여러 나라로 흩어지는 디아스포라 삶 속에서도 성경에 근거한 신앙을 지키고, 근면, 검소, 책임의식을 가지고 상공업, 금융의 번영을 이루며, 성경 읽기와 해석을 위해 글을 깨우치고 인쇄출판 문화에 힘쓰며 정체성을 지켜낸 위그노 정신은 오늘날에도 절실하게 필요하다고 믿기 때문이다.

그렇다면, 위그노의 정신을 어디에서 찾을 것인가?
실제 위그노의 길은 남프랑스, 특히 세벤느산맥(les Cévennes)을 따라 이어지지만, 프랑스 국가 서사의 중심부인 파리의 팡테옹에서 출발함으로써, 단지 지리적 이동이 아닌 정신적 여정을 알릴 수 있겠다. 팡테옹에서 여정을 시작하는데에는 여러 이유가 있다.
첫째, 팡테옹은 종교의 중심에서 추방된 자들이 결국 이성의 이름으로 귀환하는 장소가 된다.

둘째, 팡테옹이 세워지기 전에는 성 주느비에브 수도원이 있었으며 매우 보수적인 가톨릭 기관이고 개신교 접근이 거의 불가능한 곳이었으나, 종교개혁 당시 위그노 공동체가 야간 비밀 예배를 드렸다고 전해온다.

셋째, 팡테옹에는 볼테르, 루소처럼 종교 관용과 반권위주의 사상으로 위그노적 문제의식을 공유한 사상가들이 잠들어 있다. 위그노는 종교개혁의 산물이며, 그 정신은 후에 계몽주의 사상, 자유주의, 공화주의에 기여했다.

파리를 보고 나면 프랑스의 각 지방에서는 위그노들이 어떻게 저항하며 살았는지 궁금해진다. 놔용(Noyon)의 칼뱅 박물관에서 오를레앙을 거쳐 남프랑스의 광야 교회와 콩스탕스 탑, 그리고 베르동 협곡까지 두 발로 걸어 답사했다.

매년 9월 첫째 일요일에는 15,000명에서 20,000명의 개신교인들이 1911년 9월 24일에 처음 개최된 광야 집회(Assemblée du Désert)를 위해 프랑스 전역과 스위스, 독일, 네덜란드, 영국, 덴마크, 아일랜드, 미국, 남아프리카에서 박물관을 찾는다.

올해는 필자가 섬기는 파리 선한장로교회의 성원용 담임 목사님과 아들 은석 군(미래 목회자), 서울 경서교회 김태환 원로 목사님 내외분, 영국에서 오신 배안호 선교사님 내외분과 함께 9월 5일 광야 예배에 역사적으로 참여하였다.

필자는 성원용 목사님의 저서인 『위그노처럼』을 처음에는 지적 호기심에서 프랑스어로 번역을 시작하였으나, 점점 위그노의 삶에 매료되고 그들을 존경하게 되면서 이 책을 쓰게 되었다.

이 세상에 태어나 제일 잘한 일로 여기는 아내와의 만남, 아들 딸 둘을 낳아 파리에서 키운 일 못지않게 귀한 일로 치고 싶은 『내가 본 파리, 위그노의 길을 따라』를 겸허한 마음으로 세상에 선보인다.

저자 진병철

추천사

파리 선한장로교회 담임목사
성원용 목사

위그노의 역사는 단순히 한 민족이나 교파의 이야기가 아니라, 신앙과 자유, 그리고 인간의 존엄을 지키기 위해 몸부림쳤던 보편적 이야기이다.

오늘날에도 여전히 이 정신은 시대를 비추는 등불과 같다.
그 길을 따라가며 눈에 보이지 않는 역사와 영성을 풀어내는 데 탁월한 재능을 지닌 분이 바로 진병철 작가이다. 그는 루브르 박물관 성화 투어 전문가로서, 미술과 신앙, 역사와 문화를 아우르는 깊이 있는 해석을 오랫동안 이어 왔다. 동시에 그는 프랑스 곳곳에 남아 있는 위그노의 흔적들을 직접 발로 걸으며 탐구하고, 그 이야기를 많은 이들에게 소개해 온 연구자이자 해설자이다.

이 책 『내가 본 파리, 위그노의 길을 따라』는 단순한 안내서가 아니다. 파리의 화려한 겉모습 뒤에 숨겨진 고난의 역사와 믿음의 여정을 드러내며, 오늘을 사는 우리에게 "왜 위그노인가?"라는 근본적인 질문을 던져본다.

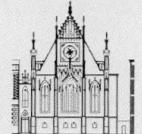

독자는 팡테옹에서 시작해 라틴 쿼터, 작은 제네바, 그리고 수난의 현장까지, 한 걸음 한 걸음 따라가며 신앙의 유산이 어떻게 도시와 사람들의 삶을 형성했는지를 생생하게 체험하게 된다.

저는 위그노 전문가로서, 진병철 작가가 보여주는 역사적 안목과 영적 통찰에 깊이 감동을 받았다. 그의 기록은 단순히 과거를 묘사하는 것이 아니라, 오늘날 우리에게 절실히 필요한 위그노 정신을 다시금 일깨워 주었다.

이 책은 위그노를 사랑하는 이들뿐 아니라, 파리를 사랑하고, 역사를 사랑하며, 신앙의 길을 찾는 모든 이들에게 귀한 길잡이가 될 것이다.

추천사

경서교회 원로목사
김태환 목사

역사는 저절로 또는 우연히 흘러가는 것 같지만, 아니다. 역사는 하나님의 섭리 가운데 이루어진다. 우연인 줄 알았는데, 지나놓고 어느 시점에 이르면 하나님의 섭리였음을 스스로 입증한다.

오늘의 개신 교회는 우연히 태어난 것이 아니다. 중세 가톨릭의 탈선과 부패로 인해 저절로 시작된 것이 아니었다. 하나님께서 기뻐 받으시는 예배를 드리려는 진실한 신앙인들의 헌신과 희생으로 이루어진 값비싼 열매였다.

위그노! 프랑스에서 가톨릭의 혹독한 박해를 이겨내고 종교개혁의 열매를 맺은 위그노들의 고난의 이야기는 너무나 처절해서 한 번 읽어보고 덮을 수 없는 아픔을 품고 있다.

프랑스 위그노들이 걸었던 고난의 걸음걸음, 그 발자취를 진병철 작가가 직접 찾아보고 조사하여 기록하고 정리한 저서 『내가 본 파리, 위그노의 길을 따라』를 출간하심을 축하드리며 감사드린다.

진병철 작가의 이번 저서는, 그가 프랑스에서 20년 넘게 살면서 알게 된 위그노들의 신앙과 삶의 현장을 직접 찾아가, 글로, 사진으로 상세하게 우리에게 보여주고 있다. 아마도 위그노들의 순교 현장을 찾아서 그들의 삶과 고난을 알려주는 저서로는 최초일 것이다. 이 저서는 오늘 우리가 당연하게 누리는 개신교 신앙의 은혜가 몇몇 훌륭한 목회자나 신학자들의 깨달음만이 아니라, 수많은 성도들이 순교를 무릅쓰고 몸소 지켜서 전해준 헌신의 열매임을 생생하게 보여준다.

위그노들이 겪은 고난과 순교의 이야기들, 그 생생한 현장을 찾아서 들려주는 진병철 작가의 증언을 통해, 안일해진 오늘 우리의 신앙 생활이 다시 한번 열정과 헌신을 회복하는 계기가 되었으면 좋겠다. 특히 이 시대에 개신 교회를 통해서 이루시려는 하나님의 섭리와 계획을 우리가 이루어가기 위해 위그노들의 신앙 열정을 본받을 수 있기를 기대하며, 진병철 작가의 저서 『내가 본 파리, 위그노의 길을 따라』를 적극 추천한다.

Contents

04　서언
08　추천사_ (파리 선한장로교회 담임목사) 성원용 목사
10　추천사_ (경서교회 원로목사) 김태환 목사
16　위그노 주요 장소 사진
26　왜 위그노인가?
　　30　주요 망명지

34　위그노의 길을 어디에서 시작할 것인가?
　　34　라틴 쿼터
　　　　35　팡테옹
　　　　40　꼴레주 드 몽테규
　　　　42　칼뱅의 탑
　　　　44　꼴레주 뒤 쁠레씨
　　　　47　마튀랭 수도원
　　　　52　로베르 에스티엔느 인쇄소
　　　　57　모베르 광장

　　59　작은 제네바
　　　　59　생 제르멩 데 프레 교회
　　　　62　프랑스 프로테스탄티즘의 역사 사회 도서관
　　　　64　비스콩티 거리

　　66　수난의 현장
　　　　66　예술의 다리
　　　　74　루브르, 안뜰, 그리고 옥세로아교회
　　　　82　가스파르 콜리니 제독 동상
　　　　85　앙리 4세 피살 장소 / 철공소 거리
　　　　88　트로카데로 광장
　　　　90　위그노의 오늘
　　　　90　성령교회

93 **파리 소개**
  94 로마의 갈리아 정복과 파리의 기원
  96 노르망디
  97 위그 카페
  97 라틴 구역
  98 100년 전쟁
  99 앙부아즈 시대
  100 빛의 도시
  101 베르사이유 시대
  102 파리의 근대화
  103 파리 꼬뮌
  104 파리 엑스포
  105 파리와 세계 대전

110 **파리 근교**
  110 낙용
  113 모

120 **프랑스 중서부**
  120 오를레앙

126 **프랑스 남부**
  126 광야 교회
  136 에그 모르트

144 **여행지**
  144 베르동 협곡
  148 위그노 관련 방문 추천 장소

149 **부록**
  149 저항하라 마리 뒤랑의 노래 서문
      _(저자 성원용 목사)

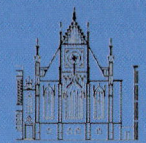

내가 본 파리

위그노의 길을 따라

내가 본 파리

위그노(Huguenot) 주요 장소 사진

1572년 8월 24일 성 바르텔레미 축일의 대학살 장소(학살 이후 제네바로 피신한 프랑수아 뒤부아의 그림)

대학살 장소의 오늘날 모습(루브르 안뜰 Cour Carrée)

1523년 장 칼뱅이 수학했던 College de Montaigu 자리(오늘날 성 쥬느비에브 도서관)

성 쥬느비에브 도서관(Bibliotheque Ste Geneviève) 내부

1859년 도서관 내부

넓은 독서 공간 전경

천장의 아치 구조와 디테일이 강조된 내부 모습

옥세로아교회 전경

대학살 당시 살해된 콜리니 제독 동상 창에서 밀려
떨어져 살해되었으며, 뒤 프레임은 창틀을 형상화 함.
오라토리오교회(파리)

위그노 십자가 팔복
오라토리오교회(파리)

대학살 신호로 사용된 생 제르멩 옥세로아교회와 북쪽 종탑

남쪽 종탑(대학살의 실제 신호 종탑)

위그노(Huguenot) 주요 장소 사진

리볼리 거리(Rue de Rivoli)

철공소 거리(Rue de la Ferronnerie)

팡테옹(Le Panthéon)

성령교회 외관

북쪽에서 바라본 퐁데자르와 엥스티튀(Institut) 모습

1853년의 비스콩티 거리

2025년의 비스콩티 거리

위그노(Huguenot) 주요 장소 사진

칼뱅 박물관 내부

놔용 성당

베르사유 궁전

성 십자가 성당(Cathédral Sainte-Croix)

성 십자가 성당 내부

성당 스테인드 글라스 중 잔 다르크가 화형당하는 모습

개신교 교회 앞 골동품 가게에서 발견한 인형

칼레의 시민 조각상

노르망디에 있는 에트르타 해안과 코끼리 절벽

내가 본 파리

왜 위그노(Huguenot)인가?

종교개혁(Reformation)의 1세대인 마틴 루터(Martin Luther, 1483~1546)는 1517년 독일 비텐베르그(Wittenberg)에서 95개조 반박문을 발표하며 종교개혁(Reformation)을 시작했다.
- 로마 가톨릭 교회의 면죄부 판매 등 부패를 비판
- 성경 중심(오직 성경), 믿음으로 의롭게 된다(이신칭의)라는 신학강조
- 주로 독일과 북유럽에서 확산

종교개혁의 2세대인 장 칼벵(Jean Calvin, 1509~1564)은 스위스 제네바(Genève)에서 활동하며 종교개혁(Reformation)을 심화시켰다.
- 하나님의 절대주권과 예정론(Predestination in Calvinism) 강조
- 철저한 교회 조직과 엄격한 생활규범 제시로 개혁교회(칼벵주의) 형성
- 유럽 전역, 특히 프랑스, 네덜란드, 스코틀랜드에 영향을 미침.

위그노(Huguenot)는 16세기에서 18세기 프랑스에서 칼벵주의(Calvinisme)를 따르는 개신 교도들을 가리킨다.
- 프랑스 내 가톨릭과의 갈등으로 36년간의 종교 전쟁(1562~1598) 발생
- 1562년 바씨(Wassy)에서 가톨릭 세력에 의한 개신 교도 학살로 전쟁 시작
- 1572년 성 바르텔레미 축일의 학살로 대규모 피해
- 1598년 앙리 4세가 낭트칙령(Édit de Nantes)으로 일정한 종교의 자유를 보장

낭트칙령(Édit de Nantes) 내용

- 지정된 도시와 영지에서 예배 허용
- 공직 진출과 법적 권리 인정
- 약 150개의 안전도시(라 로셀 등)를 일정기간 보유할 수 있도록 허가
- 재산권 보장 등 그러나 양측 모두에게 완전한 만족을 주지 못해 긴장은 계속 되었다.

낭트칙령(Édit de Nantes) 원본

종교 전쟁 이후 등극한 앙리 4세는 파리를 프랑스 왕국의 명실상부한 수도로 부활시켰고, 이후 파리에는 루브르 궁(palais du Louvre)과 튈르리 궁(Palais des Tuileries)을 연결하는 그랑드 갈르리(Grande Galerie) 건축, 퐁 뇌프(Pont Neuf) 다리 신축 등에 위그노 출신 장인과 상인들을 적극 활용하여 건설을 추진하여 왕권 강화 및 종교 갈등 완화를 꾀했다.

퐁텐느블로 칙령(Édit de Fontainebleau) 내용

1. 낭트칙령 폐지로 개신교 신앙 및 예배 금지
2. 개신교 교회와 학교 모두 폐쇄
3. 개신교 성직자 추방 또는 가톨릭으로 개종 강요
4. 개신교 신자들의 해외 이주 금지(탈출 방지 목적)

그러나 루이14세는 1685년 퐁텐느블로 칙령(Édit de Fontainebleau)으로 자신의 할아버지인 앙리 4세가 선포한 낭트칙령(Édit de Nantes)을 공식적으로 폐지했다. 절대 왕정(絶對王政)을 강화하면서 루이 14세는 국가의 종교적 통일을 추구했고, 개신교에 대한 압박을 강화했다.

이 칙령의 결과, 약 20만 명 이상의 위그노들이 네덜란드, 영국, 스위스, 프로이센/브란덴부르크, 북아메리카, 남아프리카, 카리브 등지로 망명했으며 이들은 숙련된 장인, 상공업자, 학자들이 많았기 때문에 프랑스 경제에 큰 손실을 주었고 반대로 망명국의 산업과 학문 발전에 기여했다.

프랑스 내에서 가톨릭 중심의 절대 왕정(絶對王政, Absolute Monarchy)은 강화되었으나 국제적으로는 비난을 받았다.

퐁텐느블로 칙령(Édit de Fontainebleau)은 종교적 관용 후퇴의 상징이며 프랑스 사회의 종교적 긴장을 심화시켰고, 이후, 프랑스 혁명(1789)과 인권선언에서 종교의 자유 보장이 중요한 원칙으로 다시 부각된다.

1685년 퐁텐느블로 칙령(Édit de Fontainebleau) 문서

주요 망명지

네덜란드(Netherlands)

암스테르담(Amsterdam), 로테르담(Rotterdam) 등 무역 중심지에 정착하여 상공업, 해운업, 금융업에 크게 기여하여 네덜란드 경제력 강화에 도움을 주었다. 네덜란드는 가톨릭 국가인 스페인으로부터의 80년간 (1568~1648) 독립전쟁을 치르고 개신국가로 성장하며 칼뱅주의가 강하여 위그노와 쉽게 통합하였다.

영국(United Kingdom)

런던(London), 노리치(Norwich), 켄터베리(Canterbury) 등에 위그노 교회와 공동체 형성, 제조업, 직물업(특히 비단, 모직물) 발전에 큰 영향을 주었다. 영국도 개신교로 위그노 신앙과 가깝고, 프랑스와 적대 관계였던 영국은 위그노를 프랑스 내 반 가톨릭 세력으로 간주하여 환영하였다. 위그노의 노동, 신앙, 교육열, 장인정신은 산업혁명 이전 영국의 토대를 마련하는데 일조했다. 1688년 명예혁명(名譽革命, Glorious Revolution)으로 오렌지 공작이 영국의 윌리엄 3세가 되면서 네덜란드에 있던 위그노 일부를 영국으로 데려왔고 이들은 영국사회와 경제, 군사, 문화에 크게 기여헸으며 산업혁명의 주요한 한 축을 담당했다.

오렌지 공작이 토베이에 도착하는 모습을 묘사한 삽화

아일랜드(Ireland)

더블린(Dublin), 코크(Cork), 워터포드(Waterford) 등에 위그노 공동체 형성, 비단직물(Silk weaving), 리넨산업(Linen industry), 은세공 등이 활성화 되었다.

스위스(Switzerland)

제네바(Geneva), 바젤(Basel), 로잔(Lausanne), 뇌샤텔(Neuchâtel) 등에 대거 정착, 인쇄업, 교육 및 광학기기, 롤렉스, 오메가 등의 시계 제조, 의료기기와 정밀기계 등의 정밀산업 발전시키는데 큰 기여를 했다.

북아메리카(North America)

영국령 미국 식민지, 특히 사우스 캐롤라이나(South Carolina), 버지니아(Virginia), 뉴욕(New York) 등지로 이주하였다. 뒤퐁화학은 미동북부 델라웨어(State of Delaware)를 중심으로 성장하였다. 캐나다의 퀘벡(Québec)에도 일부 정착(주로 영국령으로 이동)하였다.

프로이센(브란덴부르크)(Brandenburg-Preußen)

프리드리히 빌헬름(Friedrich Wilhelm)(대선제후)이 포츠담 칙령(Potsdam, 1685)으로 위그노를 적극 유치, 베를린 등지에서 제조업, 농업, 금융업 발전으로 프로이센 경제 군사력 성장의 기반이 되었다. Benz 같은 기술 및 장인문화와 Bayer AG 같은 약학/화학의 발전도 종교개혁 이후의 교육열과 기술전파의 결과물이라 할 수 있다.

브란덴부르크-프로이센의 선제후가 도착한 위그노들을 환영하는 모습을 새긴 부조(1885년 요하네스 뵈제 작)

남아프리카(South Africa)

네델란드가 케이프 타운(Cape Town) 식민지 기지 설립시 많이 이주하였으며, 농업, 와인, 수공업, 무역 등에서 중요 역할을 했다. 주요 와이너리로 Steenberg Vineyards, Kanonkop Estate, Boschendal, Meerlust Estate, Vergelegen Estate, KWV Waterford Estate 등이 있다.

기타 지역

덴마크(Danmark), 스웨덴(Kingdom of Sweden)은 루터교 국가로 위그노가 정착하는데 큰 어려움이 없었다. 네덜란드나 영국처럼 크진 않았으나 기술자나 상인, 예술가 등으로 기여했다.

망명의 결과

결국 퐁텐느블로 칙령은 프랑스의 인재 유출과 국가 경쟁력 약화를 가져왔고, 망명국들은 산업, 상업, 문화의 혜택을 얻어 상대적으로 힘을 키우게 되고 이후 프랑스는 종교적 관용 부족의 대가를 크게 치르게 되었다.

왜 위그노(Huguenot)인가?

지구상에는 한국을 비롯한 수많은 나라에 여러 종교가 있으며, 정도의 차이는 있어도 어디에나 부패가 만연하고, 특히 자신들의 종교이외의 다른 종교에는 잔인하게 적대 행위를 하는 것을 보면서, 모진 박해 속에서도 믿음을 지키며 근면, 자립, 연대, 교육을 통하여 새로운 땅에서 번영을 이룬 위그노 정신은 오늘날에도 절실하게 필요하다고 믿는다.

내가 본 파리

위그노의 길을 어디에서 시작할 것인가?

라틴 쿼터(Quartier Latin / Latin quarter)

파리는 세느강(Seine River)을 중심으로 북쪽은 주로 상업지역을, 남쪽은 대학이나 연구기관과 같은 지성지역을 이루고 있다.

남쪽지역에서 지성의 중심을 이루는 대학가를 라틴 쿼터/라틴 지역이라고 하며, 이곳에는 현재 65개 정도의 학교가 있다.

파리의 라틴 쿼터(붉은 색)

종교개혁 당시 이곳에서 히브리어와 헬라어, 라틴어를 통해 성경의 원문을 읽을 수 있었고 인쇄소를 통해 종교개혁과 관련된 서적들이 보급되었기에 위그노 역사에서 매우 중요한 지역이다.

팡테옹(Le Panthéon)

흔히 범신전, 또는 만신전으로도 불리는 팡테옹(Le Panthéon)은 루이 15세가 중병에 걸려 죽음 직전까지 갔을 때, 완쾌되면 성 쥬느비에브에게 감사의 뜻으로 웅장한 교회를 지어 바치겠다고 서원, 결국, 기적적으로 회복되었고 이를 성 쥬느비에브의 중재와 기적으로 믿은 루이 15세는 성녀에게 감사의 뜻으로 웅장한 교회를 지으라고 명령하였으며, 1757년부터 신고전주의 건축의 대표자인 자크 제르맹 수플로(Jacques-Germain Soufflot)에 의하여 성당으로 설계되어 세워졌다.

팡테옹(Le Panthéon)
주소 : Place du Panthéon, 75005 Paris

건물 정면 박공 아래에는 다음과 같은 문구가 새겨져 있다.

> AUX GRANDS HOMMES LA PATRIE RECONNAISSANTE
> (조국이 위대한 사람들에게 감사하노라)

1780년에 수플로(Jacques-Germain Soufflot)가 사망하였음에도, 1790년에 완성되었으나 1789년 혁명 후 등장한 새로운 분위기에서 왕의 성당에서 프랑스 역사를 빛낸 위인들의 묘지로 용도가 바뀌게 된다. 이름도 팡테옹(Le Panthéon)으로 바뀌고 묘지와 밝은 건물이 안 어울린다고 판단되어 건물을 둘러싼 48개의 창을 벽돌로 박아버렸다.

1789년 이후 사망한 위인들만 안장하는 것이 원칙이나, 인민주권 사상과 저술이 혁명 이념의 토대가 되었다는 점에서 장 자크 루소(Jean Jacques Rousseau, 1712~1778), 그리고, 계몽사상가로서 혁명에 큰 영향을 끼친 볼테르(Voltaire, 1694~1778) 등 몇 명의 예외가 있다.

팡테옹(Le Panthéon)에서 시작하는 상징적 의미

신을 위한 성전이 인간을 위한 전당으로 바뀐 이곳은 위그노의 숨겨진 여정이 공화국의 정신으로 귀결된다는 사실을 상기시킨다. 믿음 때문에 추방된 자들의 이야기는, 결국 인간의 존엄과 자유를 위한 길로 이어진다.

공화주의의 성전, 신 대신 인간을 기리는 곳
팡테옹은 원래는 성녀 쥬느비에브에게 헌정된 교회였지만, 프랑스 혁명 이후 기독교 성인 대신 위대한 인간(과학자, 철학자, 작가 등)을 안치하는 곳으로 바뀌었다. 이는 인간 중심 사상과 계몽주의 정신을 상징한다.
- 위그노들이 겪은 종교 탄압과 그 속에서도 발전한 개인 신앙의 자유, 양심의 자유와도 일맥상통한다.

역사적 전환의 장소
팡테옹(Le Panthéon)은 프랑스의 종교와 정치, 철학이 교차하는 역사의 변곡점이 된 장소이다. 위그노(Huguenot)의 여정을 따라가는 이야기는 곧 개인의 신앙 자유와 국가 권력 간의 긴장, 종교개혁과 근대 시민정신의 씨앗을 조명하는 이야기이기도 하다.
- 팡테옹은 그 긴 여정의 시작으로 어울린다. '과거의 억압'과 '미래의 이성'이 만나는 지점이다.

위그노(Huguenot)와 계몽주의의 연결
위그노(Huguenot)는 종교개혁의 산물이며, 그 정신은 후에 계몽주의 사상, 자유주의, 공화주의에 기여했다. 팡테옹(Le Panthéon)에는 볼테르(Voltaire), 루소(Rousseau)처럼 종교 관용과 반권위주의 사상으로 위그노적 문제의식을 공유한 사상가들이 잠들어 있다.
- 팡테옹은 위그노의 '결말'이 아닌, 그 정신의 진화된 형태를 상징하는 장소이다.

팡테옹에서 바라본 파리(좌측에 파리 5구 청사와 우측에 법과대학이 있고 그 사이로 에펠탑이 보인다.)

파리에서 출발하는 시간의 순례

실제 위그노의 길은 남프랑스(Midi), 특히 세벤느산맥(les Cévennes)을 따라 이어지지만, 프랑스 국가 서사의 중심부인 파리에서 출발함으로써, 단지 지리적 이동이 아닌 정신적 여정을 알릴 수 있다.

- 팡테옹(Le Panthéon)은 종교의 중심에서 추방된 자들이 결국 이성의 이름으로 귀환하는 장소가 된다.

팡테옹(Le Panthéon)이 세워지기 전에는 성 쥬느비에브 수도원(Abbaye St. Genevieve)이 있었으며 매우 보수적인 가톨릭 기관이고 개신교 접근이 거의 불가능한 곳이었으나, 종교개혁(宗教改革, the Reformation) 당시 위그노 공동체가 야간 비밀 예배를 드렸다고 전해온다.

꼴레주 드 몽테규(Le Collège de Montaigu)

1851년에 건축가 앙리 라브루스트(Henri Labrouste 1801~1875)에 의해 지어진 이 도서관은 유럽에서 가장 중요한 도서관 가운데 하나이다.
16세기 말에는 이곳에 꼴레주 드 몽테규가 있었다. 15세기에 플랜더스(Vlaanderen) 출신의 개혁 사제인 얀 스통크(Jan Standonck,1453~1504)라는 매우 경건한 네덜란드 수도사가 미래의 교회 지도자가 될 학생들을 경건하게 교육하기 위해 세운 학교이다.
이 학교는 청빈과 금욕을 강조하며 엄격한 규율과 열악한 환경으로 유명했다. 학생들은 서로 말을 하거나 뛰어 다니지 못했고 아주 작은 잘못에도 매질을 당했으며 조악한 음식이 제공됐다.
사람들은 이 학교에 빈대(Punaise), 이(Poux), 벼룩(Puce)이 득실거린다 해서 3P 학교라고도 불렀다.
장 칼벵(Jean Calvin)은 이 시절의 영양실조와 스트레스로 인하여 평생 만성 소화기 장애, 편두통, 기관지염, 결석, 통풍으로 시달렸다고 한다.

팡테옹 우측으로는 성녀 쥬느비에브 도서관(Bibliotheque Ste Geneviève)이 있다.
주소 : 10, place du Panthéon 75005 Paris

성녀 쥬느비에브 도서관(Bibliotheque Ste Geneviève) 내부

1859년 도서관 내부

넓은 독서 공간 전경

천장의 아치 구조와 디테일이 강조된 내부 모습

이 학교가 역사적으로 유명한 것은 16세기를 이끈 최고의 지도자들을 배출한 곳이기 때문이다.

당대 최고의 기독교 인문주의자였던 로테르담의 에라스무스(Desiderius Erasmus Roterodamus, 1466~1536)가 1495년에 이곳에서 공부했고, 종교개혁자 장 칼뱅(Jean Calvin, 1509~1564)은 에라스무스가 이곳을 떠난지 28년 후인 1523년에 14살의 나이로 이곳에 와서 공부했다.

이후에 예수회를 창시하며 칼뱅과 각을 겨루게되는 이그나티우스 로욜라(Ignatius Loyola, 1491~1556)도 1528년에 입학하여 공부했다.

칼벵의 탑(La Tour Calvin)

오늘날 '칼벵의 탑(La Tour Calvin)'이라고 이름 붙여진 이곳은 본래 꼴레주 드 포르테(Collège de Fortet)가 있던 곳이다.

주소 : 21 rue Valette 75005 Paris

칼뱅(Calvin)은 오를레앙에서 파리로 돌아온 후, 이곳에 머물면서 학생들을 가르쳤고 동시에 그리스어와 히브리어 공부를 계속했다.

그러던 중, 1533년 만성절에 자신의 친구인 니콜라 콥(Nicolas Cop)의 파리대학 학장 취임사인 라틴어 연설문을 로마 가톨릭교회의 개혁의 필요성에 대한 내용으로 작성에 참여한 혐의로 체포령이 떨어지자 거주하던 다락방의 창문을 빠져나와 지붕을 타고 도망쳤다. 이때 칼뱅(Calvin)의 나이 24살이었다.

칼뱅은 네락(Nérac)으로 갔는데, 이곳은 프랑수아 1세의 누이인 마르그리트 당굴렘(Marguerite d'Angoulême, 나바르 왕비)이 자신의 궁정을 개혁사상가들에게 열어둔 곳으로 프랑스 내에서 상대적으로 종교개혁 사상이 보호받던 안전지대였다.

이곳에서 칼뱅은 마르그리트 당굴렘(Marguerite d'Angoulême) 및 자크 르페브르 데타플(Jacques Lefevre d'Etaples), 기욤 파렐(Guillaume Farel) 등을 만났다.

꼴레주 뒤 쁠레씨(Le Collège du Plessis)

이곳은 로마시대에 만들어진 파리에서 가장 오래된 거리 중의 하나인 생 자크 거리(Rue St Jaqques)에 위치해 있다. 생 자크 거리(Rue St Jaqques)에서 세느강(Seine River)을 향해 내려가다 보면 우측에는 루이 르 그랑 고등학교(Lycée Louis Le Grand)가 있고 원통형 모양의 지붕이 있는 곳은 소르본(Sorbonne) 대학이다.

생 자크 거리(Rue St Jaqques)

주소 : 115 rue Saint Jacques 75005 Paris

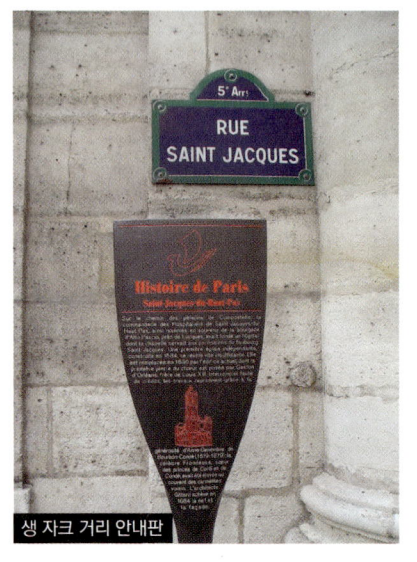

생 자크 거리 안내판

이 거리 115번지에 꼴레주 뒤 쁠레씨(Le Collège du Plessis)가 있었다. 이 학교는 가난한 학생의 지원을 위하여 만들어졌지만 소르본에 속하기 때문에 위그노 시대에는 가톨릭 신학의 요새 역할을 했으며 출신 학생 중 아르망 장 뒤 쁠레씨(Armand Jean du Plessis, 1585~1642)가 있는데, 이는 훗날 루이 13세의 수상이 되어 프랑스의 정대 왕정을 강화하고 1620~1630년대 위그노를 군사적으로 진압한 핵심 인물이다

이 학교는 1864년에 파괴되었고 지금은 그 자리에 루이 르그랑 고등학교가 세워졌다. 1557년 9월 4일에 300여 명의 개신 교도들이 이곳에서 예배를 드리다가 120명이 체포되었고 그 중 일부는 모베르 광장(Place Maubert)에서 처형됐다.

'그라브롱 부인(Madame Graveron)'으로 불린 23살의 미망인 필립 드 랭스(Philippe de Luns)도 이때 체포되어 신부복을 차려입은 상태로 모베르 광장(La Place Maubert)에서 화형을 당했다.

개신교회 역사가들은 그 때의 일을 '생 자크 거리(Rue St Jaqques)의 충격(Shock)'이라 부른다. 반면에 가톨릭교회 역사가들은 '생 자크 거리의 소요사태(Agitation)'라고 칭해 그날의 사태를 바라보는 미묘한 시각차를 보여줬다.

마튀렝 수도원(Le Couvent des Mathurins)

칼뱅의 친구 니콜라 콥(Nicolas Cop)이 1533년 11월 1일 만성절에 파리대학교(소르본)의 학장으로 취임하면서 라틴어로 취임 연설을 한 수도원이다. 왼편에 식당, 가운데 수도원 입구는 철문으로 막혔고, 오른쪽에 안내판이 보인다.

연설 내용에는 마르틴 루터(Martin Luther)의 이신칭의(以信稱義, 믿음으로 의롭게 된다, Justification by Faith alone)가 포함되어 있었고 이로 인해 소르본의 보수파 신학자들에게 이단으로 몰린다.

마튀렝 수도원 입구의 거리
주소 : 7 rue de Cluny 75005 Paris

마튀렝 수도원 안내판

이 라틴어 연설문은 콥이 꼴레쥬 몽테규에서 동문수학한 칼뱅에게 작성을 부탁했었고, 소르본 당국의 체포령이 떨어지자 콥과 칼뱅 모두 파리를 떠나 도망하게 된다. 이 사건은 칼뱅이 프랑스에서 개혁사상을 전개하기 어려워지고 망명길에 오르게 되는 중요한 계기가 되었다.

칼뱅은 네락(Nérac)으로 갔는데, 이곳은 프랑수아 1세의 누이인 마르그리트 당굴렘(Marguerite d'Angoulême, 나바르 왕비)이 자신의 궁정을 개혁사상가들에게 열어둔 곳으로 프랑스 내에서 상대적으로 종교개혁 사상이 보호받던 안전지대였다. 이곳에서 칼뱅은 데타플과 파렐을 만났다.

만성절 사건은 칼뱅이 네락(Nérac), 앙굴렘(Angoulême), 보르도(Bordeaux)를 거친 후 프랑스를 떠나 바젤(Basel)로 망명하는 계기가 되었고, 1536년에 바젤에서 첫 저서이자 신학의 기초가 되는 기독교 강요(Institution de la Religion Chrétienne) 초판을 출판한다.

자크 르페브르 데타플(Jacques Lefèvre d'Etaples 1450~1536)
소르본 교수, 마틴 루터보다 앞서 프랑스어로 성경번역(1523 신약, 1528 구약), 인문주의자

기욤 파렐(Guillaume Farel 1489~1565)
데타플의 제자, 강력한 개혁설교자, 훗날 칼뱅을 제네바로 불러들이고 개혁의 지도자가 되도록 강하게 권유한 인물

루터의 95개조 반박문이 종교개혁의 불꽃이었다면 칼뱅의 기독교 강요는 개혁신학의 체계적 기초이다.

안내판을 보면 이 수도원은 13세기에 지어져서 혁명 때까지 있었다고 되어 있다. 이 수도원은 프랑스 대혁명 때 파괴되었고 지금은 사진에서 보듯, 건물의 흔적만 조금 남아 있다. 왜 혁명 때 수도원이 없어졌을까?

삼부회의(États généraux)

프랑스 마지막 왕인 루이 16세는 미국 독립 전쟁 지원 및 방만한 지출로 인하여 국가재정이 파탄 상태였고 이로 인하여 국민들에게 세금을 더 걷기 위해 1789년 5월 5일, 삼부회(États généraux)를 소집하였다.
프랑스 혁명 이전의 앙시앵 레짐(Ancien Régime) 프랑스 사회는 크게 세 신분으로 나뉘었다.

- 제1신분 : 성직자(Clergé)
- 제2신분 : 귀족(Noblesse)
- 제3신분 : 평민(Tiers État) → 인구의 90% 이상을 차지

제1부와 제2부 신분은 합해도 전체 인구의 3% 정도이면서도 국가 부의 40% 이상을 차지하고 투표는 신분당 1표씩 행사해, 평민 대표(부르주아 Bourgeois)의 의사는 거의 반영되지 않았다.
이에 제3신분이 반발하여 국민의회 선포, 테니스코트 서약, 바스티유 감옥 습격을 하여 결국 혁명으로 이어졌다. 제1신분인 성직자들과 그들이 소속된 수도원, 성당 교구는 혁명의 표적이 되어 대규모 약탈, 해산, 폐지, 재산 몰수가 일어났다.

제3신분(평민)에는 다음과 같은 다양한 계층이 포함된다.

- 농민(Paysans) – 대다수를 차지
- 도시 빈민(Ouvriers, journaliers) – 도시의 노동자 계층
- 상인, 수공업자, 전문직 – 도시 중산층, 이들을 부르주아라 한다.

프랑스 세 신분(귀족, 가톨릭 고위 성직자, 평민)의 대표자가 모여 중요 의제에 관하여 토론하는 삼부회(三部會, 프랑스어: États généraux)

부르주아(Bourgeois)는 제3신분 중 도시의 부유한 상공업자, 지식인 계층을 지칭하며, 제3신분 전체를 '부르주아'라고 하진 않는다.

프랑스 대혁명 당시, 정치적 발언권을 얻고자 앞장선 것은 제3신분 전체가 아니라, 주로 부르주아 계층이었다. 이들은 경제력은 있었지만 정치권력은 없었기에, 불만이 많았고 혁명의 핵심 동력이 되었다.

부르주아 어원

원래는 단순히 성곽도시(부르그, Bourg)에 사는 시민이라는 뜻이었으며, 앙시앙 레짐에서는 도시 중산층, 매관매직으로 신분 상승 가능했고 혁명 이후에는 자본가, 이권 계급을 뜻하면서 때로는 졸부/속물이라는 부정적 이미지가 붙었다.

로베르 에스티엔느 인쇄소(L'Imprimerie de Robert Estienne)

16세기에 인쇄업은 상류계층의 지성인들이 운영하는 특별한 사업이었다. 로베르 에스티엔느(Robert Estienne, 1503~1559)는 당대 최고 인쇄업자로 그의 집에 인쇄소가 있었다.

주소 : 15-21 rue Jean de Beauvais 75005 Paris

지금은 담배가게가 들어섰고 아무런 안내표지판도 없다. 프랑스의 국왕인 프랑수아 1세와 누이 마르그리트(Marguerite d'Angulême)는 이곳을 자주 방문했다. 마르그리트의 손자이면서 미래에 프랑스 부르봉 왕가의 시조가 된 앙리 4세도 아직 왕이 되기 전 12살에 모친인 잔느 달브레(Jeanne d'Albret)와 함께 이곳을 찾았다.

이곳에서는 를 볼 수 있다. 이 마크는 로마서 11장 20절의 말씀을 기초로 만들어졌다.

여기서 바울(Paul)은 먼저 선택받았던 이스라엘(Israel)이 하나님께 성실하지 못함으로 인해 언약(Covenant)에서 떨어진 것을 기억하고, 모든 그리스도인들(Christian)은 항상 하나님의 선하심과 엄위하심을 기억하며 겸손하게 살아야한다고 강조했다.

올리브 나무(Olive)는 하나님과 그 백성 사이에 맺은 언약을 상징하고, 끊어진 가지는 이스라엘 백성들이 불성실로 인해 하나님의 언약으로부터 떨어진 것을 의미한다. 로베르 에스티엔느의 마크는 하나님을 경외하는 겸손한 마음으로 출판 작업을 하겠다는 그의 다짐을 보여주는 상징물이다.

1539년에 그는 '왕의 인쇄업자'라는 칭호를 얻었고 라틴어, 프랑스어 사전을 출간하는 등 놀라운 사역을 펼쳤다. 그러나 1545년에 히브리어 교수인 바타블(François Vatable)과 칼뱅의 노트를 추가한 성경을 출판하면서 가톨릭 중심인 소르본 대학의 분노를 사게 되었다.

로베르 에스티엔느(Robert Estienne)의 마크

1545년, 칼뱅의 '기독교 강요'의 프랑스어판(Institution de la Religion Chrétienne)을 파리에서 출판하였으나 이 출판 활동으로 소르본의 강한 반발을 샀고 결국 1547년 칼뱅이 있는 제네바로 망명하여 활동을 계속했다.

1551년에는 신약성경을 출판하면서 절을 나누고 거기에 숫자를 붙였다. 이것은 인쇄 작업을 하는 자들의 편의와 성경을 공부하는 자들의 효율성을 위해 개발된 것이었다. 1571년에는 이런 방식으로 구약성경을 출판했다.

기독교 강요

에스티엔느(Estienne)는 제네바에서 장 칼뱅(Jean Calvin)의 후원자이자 동료 인쇄인으로 활동하였다. 제네바에서 그의 인쇄소는 개신교 문헌의 중심지가 되었고, 기독교 강요의 후속판들도 이곳에서 계속 출판되었다.

- 1553년, 칼뱅의 라틴어판 '기독교 강요' 〈Institutio〉
- 1559년, 라틴어 최종판 출판
- 1560년, 프랑스어 번역판 출판

INSTITVTIO CHRI-
stianæ religionis, in libros qua-
tuor nunc primùm digesta, certisque distincta capitibus, ad aptissimam
methodum : aucta etiam tam magna accessione vt propemodum opus
nouum haberi possit.

IOHANNE CALVINO AVTHORE.

Oliua Roberti Stephani.

GENEVAE.
M. D. LIX.

칼뱅의 라틴어판 '기독교 강요' ⟨Institutio⟩

모베르 광장(La Place Maubert)

이 광장의 이름은 13세기의 유명한 수도사였던 알베르(Albert)의 라틴어 이름인 'Maubus'에서 유래되었다.

그는 종교개혁시대보다 300년 앞서 개혁사상을 지니고 살면서, 교회가 정해준 커리큘럼과 왜곡된 가르침을 단호하게 거부했다.

또한 이 장소에 제자들을 모아 새로운 사상을 가르쳤으며, 따라서 이곳은 종교개혁의 장소라고 할 수 있다.

그 후, 모베르 광장(La Place Maubert)은 죄수들을 화형시키는 처형장으로 사용되었다. 사람들의 살과 머리털이 타는 냄새로 인해 그 주위에 사는 주민들의 불평이 극심했다고 전해진다.

16세기부터는 위그노들이 이곳에서 처형을 많이 당했다. 1557년 9월 4일의 '생 자크 거리의 충격' 사건으로 체포된 그라브롱 부인과 그의 동료들이 이곳에서 처형된 것이 대표적이다.

모베르 광장 - 1550년 경 주변 도로의 고대 지도

모베르 광장(La Place Maubert)
주소 : Place Maubert 75005 Paris

작은 제네바(Petite Genève)

16세기 파리는 외부의 적으로부터 보호받기 위한 목적으로 세워진 성벽으로 둘러쌓여 있었다. 밤에는 성문이 닫혔고 초병들이 밤낮으로 경계근무를 섰다.

앞에서 살펴본 대학들이 있는 라틴가는 이 성벽 안에 포함되어 있고, 그 성벽 바로 밖에 생 제르멩 데 프레 수도원 교회(L'Eglise de Saint-Germain des Prés) 가 있다.

이 지역에서 프랑스 개신교 목사들이 거주했고 개신교 총회가 열리는 등 개신교의 씨앗이 뿌려졌기에 '작은 제네바(Petite Genève)'라고 불린다.

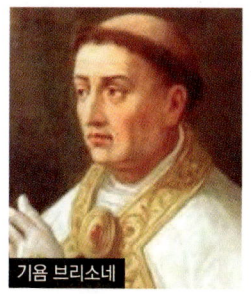
기욤 브리소네

생 제르멩 데 프레 교회(L'Eglise de Saint-Germain des Prés)

생 제르멩 데 프레 교회는 수도원 교회로 6세기 경에 지어지기 시작한 파리에서 가장 오래된 교회라고 할 수 있다.

이곳은 두 사람의 기욤 브리소네(Guillaume Briçonnet), 곧 아버지 기욤 브리소네(1445-1514)와 아들 기욤 브리소네(1470-1534)가 1501~1507, 1507~1521년에 각각 수도원장으로 재직하며 가톨릭교회 내의 개혁을 시작한 유서 깊은 장소다.

16세기 프랑스의 석학이었던 자크 르페브르 데타플(Jacques Lefèvre d'Etaples, 1450~1536)은 이곳에서 신약성경을 번역했고 개혁사상을 연구하며, 아들 기욤 브리소네의 스승이 되었다.

생 제르맹 데 프레 교회(L'Eglise de Saint-Germain des Prés)
주소 : Place Saint-Germain-des Prés -75006 Paris

데타플의 제자이면서 후에 제네바의 종교 개혁자가 된 기욤 파렐(Guillaume Farel 1489~1565)도 이 교회 안에서 생활했다.

그는 교회 내의 '동정녀 샤펠'에서 꽃을 들고있는 동정녀에게 매일 기도하는 등 가톨릭주의에 충실한 생활을 하다가 종교개혁 사상을 접한 뒤에 그 일을 그만 두고 개혁자의 길을 걷게 되었다. 프랑스 개신교회 역사의 요람이라고 할 수 있다.

20세기에는 장 뽈 사르트르(Jean Paul Sartre)와 시몬느 드 보브와르(Simone de Beauvoir)가 이 지역에 살면서 교회 앞에 있는 레 드 마고 카페(Cafe Les Deux Magots)를 드나들면서 작품을 쓴 것으로 유명하다.

레 드 마고 카페(Cafe Les Deux Magots)

장 폴 사르트르와 시몬 드 보브와르 광장 안내판

파리시에서는 2003년 3월 27일에 이들을 기념하는 안내판(PLACE SARTRE-BEAUVOIR) '장 폴 사르트르(Jean-Paul Sartre)와 시몬 드 보브와르(Simone de Beauvoir) 광장'을 세웠다. 이들은 매일 카페에 앉아서 건너편에 있는 교회를 바라보았으면서도 하나님의 말씀인 성경을 부인하고 '존재의 부조리'에 대해서 이야기하고 가르쳤다. 참으로 아이러니한 역사의 현장이다.

프랑스 프로테스탄티즘(Protestantism)의 역사 사회 도서관

이곳은 1889년에 페르낭 쉬끌레르 남작(le baron Fernand Schickler)에 의해 만들어진 도서관으로 일반인에게 주 3일 (수, 목, 금) 개방된다.

도서관 입구
주소 : 54 rue des Saints-Pères, 75007 Paris

18만 권의 장서를 소장하고 있는 이 도서관에는 프랑스 땅에 살았거나 외국으로 망명을 떠났던 프랑스 개신 교도들과 관련된 책들과 그림, 단행본, 정기간행물, 사진, 손으로 직접 쓴 원고 및 문헌이 다수 소장되어 있다.

16세기 프랑스 개신교회의 대표적 두 거물인 가스파르 드 꼴리니(Gaspard de Coligny)와 아그리빠 도비녜(Agrippa Daubigné)의 초상화를 볼 수 있다.

도서관 내부

Gaspard Coligny (1519~1572)

- 가스파르 드 꼴리니(Gaspard Coligny) : 위그노 진영 최고 지도자 중 한 명, 해군 제독, 대학살의 희생자

Agrippa Daubigné (1552~1630)

- 아그리빠 도비녜(Agrippa Daubigné) : 개신교 시인이자 역사가, 위그노 장군, 대학살을 글로 처절하게 묘사하였다.

비스콩티 거리(La Rue Visconti)

이 거리는 1540년에 Rue des Marais 또는 Rue des Marais de Saint Germain이라는 이름으로 시작되었다. 개신교 지도자들이 많이 살았다는 의미에서 아그리빠 도비녜(Théodore Agrippa d'Aubigné)가 이곳을 '작은 제네바(Petite Genève)'라고 표현하면서 이 명칭이 이 지역을 부르는 이름이 되었다.

1572년 성 바르텔레미 대학살 당시 도망온 위그노(Huguenot)들을 이 지역 주민들이 도와주었다. 그러다가 1864년 8월 24일에 나폴레옹 1세(Napoléon I)의 무덤을 만든 건축가 루이지 비스콘티(Luigi Visconti)를 기념하여 거리의 이름이 비스콘티(La Rue Visconti)로 바뀌었다. 이 거리의 4번지가 중요하다.

이 집의 주인 비꽁트(준자작 칭호 귀족, 이태리어 Visconti, 프랑스어 Vicomte)는 이곳 지하를 위그노들의 집회 장소로 제공했다. 따라서, 이 건물에서 역사적인 일들이 많이 일어났다.

1853년의 비스콩티 거리
주소 : 4 rue Visconti 75004

2025년의 비스콩티 거리

이곳은 1559년 5월 25일부터 29일까지 프랑스 최초의 개신교 총회(시노드 Synod)가 열렸다. 이 회의는 위그노들이 신앙 공동체를 조직하고 종교적 연대감을 강화하는 중요한 계기가 되었다.

장 르 마쏭(Jean Le Maçon)이 22세의 나이로 프랑스 최초의 개신교 목사로 임명되어 프랑스 최초의 유아 세례를 집전한 곳이기도 하다.

이 지역은 생 제르멩 데 프레 수도원(L'Eglise de Saint-Germain des Prés)과 인접해 있어 위그노들이 수도원의 영향 아래 신앙 활동을 이어갈 수 있었다. 수도원은 당시 프랑스 종교개혁의 중심지 중 하나로, 위그노들의 신앙 교육과 교리 확립에 주요한 역할을 했다.

장 크레스펭(Jean Crespin, 프랑스 출신 변호사이자 위그노, 제네바에서 인쇄업자로서 순교록 편찬자)의 순교자들의 역사(Histoire des Martyrs)에 의하면, 앙리 2세 치하에서 위그노들이 비밀리에 모여 지하 예배(Assemblé clandestines)를 들이던 중, 체포조가 들이닥쳤을 때 몇몇 위그노들은 길을 막고 그들을 막아서서 시간을 끄는 동안, 나머지 위그노 교도들은 지하 통로를 통해 탈출할 수 있었다.

그러나 집주인인 비콩트와 그의 아내, 그리고 장인(부인의 아버지)는 체포되었고, 잡힌 이들은 투옥, 재판, 화형에 처해졌다고 한다. 지하실에는 예배 공간이 있고 유사시 도피할 수 있는 지하도가 이웃집과 사방팔방으로 연결되어 있다.

지하실 모습

수난의 현장(Le Quartier de la souffrance)

예술의 다리(le Pont des Arts)

퐁데자르(예술의 다리)는 파리의 가장 아름다운 전망을 선사하는 다리이다.

남쪽에서 바라본 퐁데자르와 루브르 안뜰(Cour Carrée) 남쪽 입구

예전에는 전 세계 젊은 연인들이 사랑이 이루어지기를 바라며 이 다리에 자물쇠를 걸곤 했다.
이 자물쇠의 무게가 너무 무거워 다리가 무너질 수도 있었기에, 파리시는 2016년 자물쇠가 걸리지 않도록 모든 자물쇠를 제거하고 철제 막대를 유

학살 신호 종소리

다리 위에 걸어놓은 자물쇠

북쪽에서 바라본 퐁데자르와 엥스티튀(Institute) 모습

리 막대로 교체했다. 그런데 언제부턴가 슬그머니 또다시 자물쇠가 등장했다. 이 다리 위에 서 있으면 파리의 아름다운 풍경과 함께 위그노 교도들의 역사가 파노라마처럼 펼쳐진다. 그래서 이곳은 '위그노의 역사 파노라마'라고 불린다.

동쪽에는 생 루이(Ile Saint Louis) 섬과 시테 섬(Île de la Cité)이 있다. 퐁네프 다리(Pont Neuf)는 이 섬들을 본토와 연결하며, 다리 중간에는 위그노 출신의 앙리 4세(Henri IV)의 기마상이 있다.

남쪽으로는 학술원 엥스티튀(Institut)가 우뚝 솟아 있고, 그 뒤로 소르본 대학(Sorbonne)과 작은 제네바(Petite Genève)와 라틴 거리가 있다.

서쪽으로는 에펠탑(Tour Eiffel)이 보이며, 그 뒤로는 트로카데로 광장(Place du Trocadéro)이 있다. 1572년 '성 바르텔레미 축일의 학살'(massacre de la Saint-Barthélemy) 당시 수많은 위그노 교도들이 학살당해 세느강(Seine River)에 던져졌고, 시민들은 그들의 시신을 수습하여 에펠탑 주변에 묻었다.

파리의 흐린 날 트로카데로 광장(Place du Trocadéro)에서 에펠탑까지의 전망

루브르, 안뜰(Louvre, la Cour carrée), 그리고 옥세로아교회(l'Eglise Saint-Germain-l'Auxerrois)

루브르(Louvre), 지금은 박물관이지만, 1200년경 바이킹의 침입에 대비한 방어 요새로 지어졌으며, 14세기부터 왕궁으로 쓰여지다가 1789년 대혁명으로 왕정이 무너지면서 1793년부터 박물관으로 쓰이고 있다.

퐁데자르(Pont des Arts)를 건너 바로 안으로 들어가면 루브르 박물관(Louvre Museum) 동쪽 안뜰(Cour carrée)이 나온다. 이곳이 바로 1572년 8월 24일 성 바르텔레미 축일의 학살이 일어났던 곳이다. 동쪽 문으로 나가면 길 건너편에 고딕 양식의 옥세로아교회가 보이는데, 그곳에서 학살의 시작을 알리는 종이 울렸다.

- 박물관 : 왼쪽편 피라미드를 끼고 있는 거꾸로 된 'ㄷ' 자 형태(3개관 : 리슐리외관, 쉴리관, 드농관)
- 안뜰(Cour carrée) : 오른편 정사각형 모습(가로X세로 : 150X150미터)

옥세로아교회 전경
주소 : 2 Place du Louvre 75001 Paris

옥세로아교회에서 바라본 안뜰(동쪽 입구)

왼쪽에 안뜰(Cour Carrée) 동쪽 입구 150미터 오른쪽에 옥세로아교회

1572년 8월 24일 성 바르텔레미 축일의 대학살 장소(학살 이후 제네바로 피신한 프랑수아 뒤부아의 그림)

1572년 8월 24일 자정 직후 종이 울리자마자 왕실경호대(스위스 근위대와 왕실 병사들)가 콜리니(Coligny) 제독을 비롯한 위그노 지도자들을 습격했고, 곧바로 일반 시민들과 가톨릭 민병대가 가세해 파리 전역으로 학살이 번졌다.

대학살 현장인 안뜰(Cour Carrée)

남쪽에서 바라본 안뜰(Cour Carrée) 입구에는 죽어가는 노예(미켈란젤로)와 모나리자(다빈치)의 그림이 보인다(80페이지 그림 참조).
르네상스(Renaissance)를 대표하는 두 대가들의 작품이 하룻밤 사이에 수천 명이 죽어나간 안뜰(Cour carrée)의 입구를 장식하고 있다.

남쪽에서 바라본 안뜰(Cour Carrée) 입구

1572년 8월 24일 성 바르텔레미 축일의 대학살 실제 신호를 담당했던 옥세로아교회의 남쪽 종탑

가스파르 콜리니(Gaspard de Coligny) 제독 동상

주소 : 1 Rue de l'Oratoire, 75001 Paris

가스파르 콜리니 제독의 동상

가스파르 콜리니 제독(1519~1572)의 기념비는 오라토리오 성당 후진(apse)에 위치하며, 리볼리 거리(Rue de Rivoli)의 창살을 통해 볼 수 있다. 1889년 7월 17일 제막되었으며, 건축가 셀리에 드 지조르(Scellier de Gisors, 1844~1905)와 조각가 귀스타브 크룩(Gustave Crauck, 1827~1905)이 설계했다.

프랑스 귀족이자 제독이었던 가스파르 드 콜리니(Gaspard de Coligny, 1519~1572)는 1572년 8월 24일 성 바르텔레미 축일의 학살 당시 안뜰 근처의 자택 2층에서 떠밀려 살해당했다.

리볼리 거리(Rue de Rivoli)

동상 왼편에 있는 위그노 십자가

위그노 정체성과 신앙의 상징

십자가 본체(Cross)

몰타 십자가(Maltese cross) 혹은 라틴 십자가를 기반으로 하며 끝은 꽃잎 모양으로 장식된 형태이다. 튤립형 끝의 4개 팔은 각 팔마다 2개의 공 모양 끝이 있어 총 8개로 마태복음 5장의 8복음을 상징한다.

아래에 달린 비둘기(Colombe)

마태복음 3장의 예수님 세례시 비둘기처럼 임하신 성령을 연상시키며, 평화(Peace), 위로(Comfort), 인도(Guidance)의 상징한다.

앙리 4세 피살 장소 / 철공소 거리

1610년 5월 14일, 앙리 4세는 레 알(Les Halles) 지역의 이 철공소 거리(Rue de la Ferronnerie)에서 암살당했다. 이날, 앙리 4세는 병상에 누워 있던 충실한 신하 쉴리(sully)를 보러 가던 중이었다.

이곳에 마차가 많아 왕의 마차가 멈춰 섰고, 그 순간을 틈 타 광신적인 가톨릭 신자 라바이약(Ravaillac)의 칼에 맞아 사망했다.

앙리 4세는 낭트칙령(Édit de Nantes)을 통해 가톨릭과 개신교의 종교적 관용을 제도화 한 왕이지만 극단적 가톨릭 세력에게는 배교자(개종자)로 미움을 받고 있었다. 그의 죽음은 프랑스에 큰 충격을 주었고 이후 왕위는 루이 13세에게 넘어갔다.

철공소 거리(Rue de la Ferronnerie)

앙리 4세 암살 장면

현재 사건 현장에는 이 사건을 기리는 표지판이 땅바닥과 벽, 두 군데에 있다.

땅바닥 현장 자리에 그려진 표지판

땅바닥의 표지판에는 프랑스 부르봉 왕가(Maison de Bourbon)를 상징하는 세 개의 플뢰르 드 리스(fleur de lys, 백합꽃), 나바르 왕을 상징하는 X자 모양의 금사슬 방패가 새겨져 있다.

앙리 4세 암살장소 표지판(인근 벽)

왼쪽 표지판에는 1610년 5월 14일 앙리 4세가 가톨릭 광신도 라바이약(Ravaillac)에게 암살당하는 장면이 묘사되어 있다.

트로카데로 광장(Place du Trocadéro)

에펠탑을 구경하기에 가장 좋은 장소이며, 여름에는 전 세계 젊은이들이 밤을 새워 젊음을 불태우는 곳이기도 하다.

1572년 8월 24일, 성 바르텔레미 축일의 대학살 당시 세느강(Seine River)에 던져진 시신들을 건져 파묻은 장소가 바로 에펠탑 자리이다. 그러나, 이러한 사실을 알려주는 표지판이 없다.

트로카데로 광장(Place du Trocadéro)에서 바라본 에펠탑
주소 : Place du Trocadéro 75016 Paris

그 대신, 트로카데로 광장(Place du Trocadéro) 중앙 입구에 다다르면 우리의 발 아래에 인권 선언 1조가 보인다.

1985년 5월 30일, 프랑수아 미테랑(François Mitterrand) 대통령이 선언문 비문을 설치하였으며 그 내용은 다음과 같다.

인권선언문 비문

> Tous les hommes naissent et demeurent libres et égaux en droits
> (Article 1 de la Déclaration des Droits de l'Homme)
> "모든 사람은 태어나면서 자유롭고 평등한 권리를 가지고 있다."
> (인권선언문 제 1조)

프랑스 역사상 가장 위대한 선언인 인권 선언을 낭독하는 이곳에서 역사상 가장 잔혹한 위그노 교도 학살 희생자들의 시신이 묻힌 자리에 세워진 에펠탑을 보면 감동적이면서도 역사의 아이러니를 느끼게 된다.

위그노의 오늘

(프랑스 속에서)

위그노의 직계 후예들은 지금 프랑스 개신교회(Protestantisme français) 속에서 이어지고 있다.

2025년 초 기준으로 약 6,860만 명의 프랑스 전체 인구 중, 프랑스 개신 교도 인구는 2~3%(그 중 상당수가 개혁교회/칼뱅 전통)이다. 교단은 프랑스 연합개신교회(EPUDF : Eglise Protestante Unie de France) 가장 크며, 위그노 전통을 계승하고 있다.

오를레앙(Orléans), 놔용(Noyon), 라 로셸(La Rochelle), 세벤느(Cévennes) 지방 등은 여전히 위그노 역사와 관련된 교회와 기념관이 많다.

성령교회(Eglise du Saint-Esprit)

1685년 루이 14세의 퐁텐느블로 칙령(Édit de Fontainebleau)으로 프랑스 영토 내 모든 개신교 예배 장소가 불타거나 파괴되었다. 그로부터 102년후인, 1787년 루이 16세의 베르사유 칙령(L'edit de Versailles, 1787년 11월 7일)으로 개신교 교회는 종교의 자유를 얻었고, 국가는 일부 성직자들의 급여를 지불하고 교회를 건설했다.

두 명의 유명한 루터교 신자인 파리시를 포함하는 세느주의 지사 오스만 남작(Baron Haussmann)과 공사 책임자인 건축가 발타르(Architecte Victor Baltard)에 의하여 성령교회가 1863~1865년에 건립되었다.

1872년 6월 6일 프랑스 개혁교회의 공식총회(Synode national offciel de l' Eglise réformée)가 이곳에서 개최되었다.

성령교회 외관
주소 : 5 Rue Roquépine 75008 Paris

성령교회 내부

그 이후 프랑스 개혁교회(l'Eglise Réformée de France)는 신학적 논쟁으로 여러 교파로 분열되었으며, 재통합을 위한 노력의 일환으로 1938년 프랑스 개혁교회 총회가 이 교회에서 개최되었다.

현재 파리 선한장로교회(EPSP : Eglise Présbytérienne Sonann de Paris)와 함께 예배당을 공유하며 한불 선교협력을 이루어가고 있다.

(세계 속에서)

앞서 기술한 망명지를 참고 바란다.

- **스위스 제네바** : 칼뱅의 도시, 망명 위그노들의 중심지
- **네덜란드** : 상공업과 금융 발전에 기여
- **남아프리카** : 17세기 케이프에 정착, 아프리칸스 문화 형성에 영향.
- **북아메리카** : 미국(특히 남가주, 뉴욕)과 카나다 일부에 정착.
- **독일** : 베를린, 프랑크푸르트 등에 프랑스 개신교 공동체가 남음.

내가 본 파리

파리 소개

프랑스의 수도이자 최대 도시이다. 면적은 105.4㎢, 서울의 1/6, 서초, 강남, 동작구를 합한 면적으로 2023년 기준 인구는 210만 명, 그랑 파리(Grand Paris)는 13백만 명이다. 오랜 역사에서 비롯한 예술과 패션과 유행의 도시라 할 수 있으며, 루이비통, 샤넬, 에르메스 등 유수의 명품 회사들의 본사들이 있는 곳이다.

Paris의 's'는 묵음이다. 실제 프랑스어 발음은 '빠히' 또는 '빠리'에 가깝다. 한국어식 연한 'ㅎ'이 아니라 거센 'ㅎ' 소리의 '빠히'이다. 파리라는 이름은 고대에 이 지역에 살았던 갈리아의 일족 파리시(Parisii)에서 유래되었다.

여기에서 유래하여 이탈리아어로는 파리를 파리지(Parigi)라고 부른다.

세느강에서 바라본 에펠탑(eiffel tower)

파리시족은 주로 세느강의 하중도인 시테(Cité) 섬에 자리잡고 있었다. 시테는 라틴어 'civitas'에서 왔으며, 도시를 뜻하는 '시티(city)'의 어원이다.

로마의 갈리아 정복과 파리의 기원(La conquête de la Gaulle par les Romains et les origines de Paris)

기원전 3세기경, 지금의 시테 섬(Île de la Cité)에 정착해있던 켈트계 갈리아 부족인 파리시족(Parisii)을 율리우스 카이사르(Jules César)가 기원전 58~50년 사이에 갈리아 전쟁(Gallic War)을 통해 정복했다.

기원전 52년 알레시아 전투에서 베르생제토릭스(Vercingétorix)가 패배한 뒤, 파리시족의 땅도 로마가 지배하며 도시를 건설한 것이 오늘날 파리의 기원이다. 로마 제국 당시에 이곳은 '루테티아', '루테티아 파리쇼룸(Lutetia Parisiorum) 파리시 부족들의 루테티아'라고 불렀다.

현대 프랑스어로는 Lutèce(뤼떼쓰)라고 하며, 화학자인 죠르쥬 위르벵(George Urbain)은 자신이 발견한 희토류의 원소 이름을 자신의 고향인 파리의 옛 로마식 이름인 루테티아에서 따와서 루테튬(LU : Lutetium)

원형 극장(Arène de Lutèce)의 유적

으로 지었다.

로마 제국 당시 루테티아는 시테 섬에서 시작해 세느강의 좌안 지역을 중심으로 영역을 넓혀나가며 발전했다. 오늘날에도 파리 제5구역에는 루테티아 시절에 세워진 원형 극장(Arène de Lutèce)의 유적이 남아 있다.

이후 로마 제국이 쇠퇴하면서 이민족들의 침입이 잦아졌고, 결국 세느강(Seine River)의 좌안 지역을 포기하고 시테 섬을 요새화하게 되어 그 후 파리는 상당 기간 시테 섬을 중심으로 한 요새 도시로 남게 되었다. 이때부터 '루테티아'라는 이름이 빠지고 '파리'라는 명칭으로만 불리기 시작했다.

5세기 말, 프랑크 부족장인 클로비스 1세(Clovis 1er)는 파리를 점령했고 508년, 파리는 메로빙거 왕조(Merovingian Dynasty)의 수도가 되었다. 이후, 카롤링거 왕조(Carolingian Dynasty) 시절엔 아헨(Aachen)이 수도가 되었다. 샤를마뉴(Charle Magne, 칼대제, 742~814)는 중세 유럽역사에서 가장 중요한 군주 중 하나로 오늘날 독일, 프랑스, 이탈리아, 벨기에 및 네덜란드 일부를 통합하는 영토 확장을 이루고, 특히 서기 800년 교황 레오 3세에 의하여 로마에서 황제 대관식을 치렀다.

그림으로 재현한 원형 극장 모습

노르망디(la Normandie)

9~10세기초 바이킹(노르만족)이 세느강(Seine River)을 거슬러 올라와 파리와 프랑스 북부를 자주 약탈했으며, 당시 왕권이 약하고 군사력도 부족한 단순왕 샤를 3세(Charles III, 879~922)는 바이킹 지도자 롤로(Rolo)와 협상을 통해 세느강 하구와 노르망디(노르만의 땅)를 할양하고 롤로(Rolo)는 왕에게 봉신 서약을 하며 충성을 맹세하는 조약을 맺었다. 911년 생 클레르 쉬르 엡트 조약(Traité de Saint-Clair-Sur-Epte)으로 롤로는 세례를 받고 기독교로 개종하였고 샤를르 3세의 딸과 결혼했으며, 이 조약으로 바이킹은 프랑크 왕국의 봉신이자 정착민이 되어 이 지역을 지키게 된다.

이에 반발한 일부 파리 시민들은 왕 대신 파리 백작인 외드(Eudes)와 로베르 1세(Robert 1er)를 따르기도 하였으나, 전쟁과 약탈에 지친 다수는 평화를 기대하며 수용적인 태도를 보였다. 이 시기에 이르러 세느강의 우안(Rive Droite) 쪽으로 파리가 확장되었다.

노르망디에 있는 에트르타 해안과 코끼리 절벽

위그 카페(Hugues Capet)

987년 서프랑크 왕국의 카롤링거 왕조(Carolingian dynasty)가 단절되자 파리 백작 위그 카페(Hugues Capet, 938~996)가 놔용(Noyon)에서 프랑스 국왕으로 추대되어 카페 왕조 시대가 되었다. 이에 따라 파리는 프랑스 왕국의 수도가 되었으나, 남부 및 서부 지방에서는 지방 공작과 백작들이 상당한 권력을 가지고 있어 왕권의 범위가 제한되었다. 카페 왕조 3대 왕인 필리프 2세(Auguste Philippe, 1165~1223) 때에는 파리를 둘러싸는 성벽이 완성되어 파리는 강력한 요새 도시가 되었다.

라틴 구역(Quartier Latin)

11세기에 파리 대주교좌 부속 학교(Ecole Cathédrale de Notre Dame)로 시작한 파리 대학교가 발전하여 스콜라신학(Scholastic Theology)의 중심지로 유럽에 명성을 떨쳤다. 세느강 좌안(Rive Gauche)은 대학을 비롯한 학교들이 발전하여, 대표적인 대학 지역으로 라틴 구역(Quartier Latin)이 되었고, 세느강 우안(Rive Droite)은 시장이 발전하여 오늘날까지 이어지는 파리의 대체적인 구조가 이 시기에 형성되었다.

100년 전쟁(la Guerre de Cent Ans)

잉글랜드 왕국과 프랑스 왕국 사이에 1337년부터 1453년까지 116년 동안 벌어진 전쟁이다.

당시에는 오를레앙파(Orléanists)와 부르고뉴파(Bourguignons)의 치열한 혈전으로 파리는 상당한 혼란에 빠져야 했다. 그 후에 잉글랜드 왕과 동맹을 맺은 부르고뉴(Bourgogne) 측이 파리를 점령했고, 잔 다르크(Jeanne d'Arc)는 이를 탈환하려다가 붙잡혀서 마녀재판을 받은 후 화형 당했다.

전쟁 초기 칼레 공성전에 이은 6명의 칼레 시민이 전체 칼레 시민의 학살을 막기 위하여 자발적으로 시민 대표로 죽겠다고 나선 노블레스 오블리쥬(Noblesse Oblige)로 유명한 칼레(Calais)의 시민 조각 작품이 파리 7구 로댕 미술관(Musée Rodin)에 있다.

칼레의 시민 조각상

앙부아즈 시대(l'époque d'Amboise)

우여곡절 끝에 프랑스군이 파리를 다시 탈환하여 파리는 다시 프랑스 왕국의 수도가 되었다. 그러나 이후 발루아(Valois) 왕조의 왕들은 파리를 별로 좋아하지 않고 루아르 강 유역(Val de Loire)에 세운 성을 더 좋아해서 파리에는 오래 머무르지 않는 경향이 생기기도 했다.

일례로, 샤를 8세(Charles VIII, 1470~1498)는 루아르 강변 절벽 위에 있어 방어력이 뛰어난 앙부아즈(Amboise)에서 태어나서 앙부아즈에서 죽었으며, 프랑수아 1세(François Ier, 1494~1547)도 파리는 인구가 밀집되어 전염병과 봉기가 잦아 불편하였다.

프랑수아 1세(1494~1547)

정치적으로도 왕권과 자주 충돌한 의회(Parlement)가 부담스러워 루아르 계곡(Vallée de la Loire)의 안전하고 쾌적한 샹보르(Chambord)에서 더 오래 머물렀다.

프랑수아 1세의 권유로 1516년부터 1519년까지 노년을 프랑스에서 보낸 레오나르도 다 빈치(Leonardo di ser Piero da Vinci) 역시 파리가 아닌 루아르강(Loire) 유역에 머물렀다.

레오나르도 다 빈치(1452~1519)

빛의 도시(La Ville Lumière)

18세기 파리는 철학, 과학, 예술, 문학 등 계몽주의(les Lumières) 운동의 중심지가 됐고 그때부터 '빛'은 말 그대로의 빛과 계몽이라는 중의적(ambigu) 의미로 사용되기 시작했다.

19세기 중반, 나폴레옹 3세 시절, 파리의 범죄를 줄이고자 파리시를 포함한 세느주 주지사인 오스만(Georges Eugène Haussmann)의 도시 계획과 가스등, 전기 가로등 설치로 파리는 야간에도 밝은 도시가 되었고, 그로 인해 '빛의 도시'라는 별명을 얻었다. 가로등은 처음에는 촛불을, 이후에는 점차 가스등, 전기등으로 교체되었다.

에펠탑 조명

샹젤리제 밤거리

베르사이유 시대(l'époque de Versailles)

루이 14세가 사실상의 행정수도나 다름없는 베르사유 궁전(Château de Versailles)을 건축하여 1682년 5월, 국왕과 조정 전체가 베르사이유로 옮겨오면서 파리는 수도의 위상을 잃게 되었고 프랑스 혁명(Révolution française) 전까지 베르사유가 정치의 중심지가 되었다. 이는 파리 시민들의 불만거리였고 프랑스 혁명의 한 원인으로 작용하기도 했다.

결국 프랑스 혁명이 일어나고 부녀자들의 베르사유 행진으로 루이 16세 일가가 튈리르 궁으로 끌려오면서 파리는 다시 정치의 중심지가 된다.

프랑스 혁명 초기에 왕가에 내건 조건 중 하나가 베르사유(Versailles)에서 파리로 환도였다. 프랑스 혁명 당시 중요 사건들이 파리에서 일어났으며 파리에서 혁명의 과격해진 분위기가 조성되기도 했다.

베르사유 궁전

파리의 근대화(la Modernisation de Paris)

19세기에 이르러 파리는 정치적으로는 잇달아 일어난 혁명과 파리 코뮌(la Commune de Paris) 등으로 혼란스럽긴 했지만 경제적, 문화적으로는 산업화로 크게 발전하게 되었다.

1837년에 파리와 생 제르망 앙 레(Saint Germain en Laye) 사이에 철도가 놓인 것을 시작으로 이후 파리에서 각처로 철도 노선들이 이어지게 되었다.

파리를 근대 도시로 탈바꿈한 인물은 나폴레옹 3세 당시 세느(Seine) 주지사였던 조르주 오스만 남작(Baron Georges-Eugène Haussmann)이다. 이 사람은 중세 이래 이어져 온 좁은 골목을, 군대가 쉽게 폭동과 혁명을 쉽게 진압할 수 있도록 넓은 불바르(Boulevard)로 바꾼다. 불바르는 가로수가 놓인 넓은 도로를 지칭하는 단어로 오스만 남작의 개조 사업을 논할 때 꼭 등장하는 단어이다.

오스만 남작은 파리에 상하수도 시설을 갖추었으며 도심부를 재개발하고

개선문 주위 12 방사선(조감도)

사회 기반 시설들을 갖추는 파리 개조 작업을 진행했다. 오늘날 파리의 모습은 조르주 오스만에 의해 갖춰졌다고 해도 과언이 아니다.

파리 꼬뮌(la Commune de Paris)

1870년 발발한 보불전쟁(프러시아-프랑스 전쟁)에서 나폴레옹 3세가 패전하면서 파리는 다시 혼란으로 빠져들었다. 제2제정이 붕괴하고 제3공화정이 탄생했지만 1871년, 파리는 프러시아군의 포위로 72일간 고립된 끝에 제3공화정의 보수파 정권은 프러시아 왕국에게 항복하게 된다.
파리의 노동자들은 이를 인정하지 않고 정권에 저항하여 파리 코뮌(la Commune de Paris)을 결성하여 봉기하였지만 결국 베르사유 정부군에게 진압되어 수만 명의 희생자를 내고 와해되었다. 이때 코뮤니스트들의 의도적인 방화로 튈르리궁, 시청, 정부, 법원 건물 등 수많은 역사적 건물들이 화재로 소실되었다.
1873년 7월 23일, 국회는 파리 코뮌 봉기가 시작된 장소에 성당을 짓는 계획을 승인하였다. 1876년 기공, 비잔틴 복고 양식으로 세워진 교회는 사크레쾨르 대성당(Basilique du Sacré-Cœur)으로 불리게 되었고 공개 모금을 통해 건축 예산을 마련하였다.

사크레쾨르 대성당(Basilique du Sacré-Cœur)

이 계획은 코뮌 붕괴 후 국민 통합을 목적으로 한 것이었지만, 건축 중에 다시 전쟁이 일어나 지연되다가 1919년에 이르러서야 완공되었다. 제1차 세계 대전에서 독일의 항복 후에 헌당식을 했다.

파리 엑스포(Expo de Paris)

보불전쟁 이후 제1차 세계 대전 발발전까지 전쟁이 없던 시기를 벨 에포크(la Belle Epoque: 아름다운 시절)라고 하며 이 시기에 파리는 큰 발전을 이룩했다.

인상주의, 후기 인상주의, 아르 누보(Art Nouveau) 및 보들레르(Baudelaire), 말라르메(Mallarmé) 등의 상징주의 문학이 성했다. 여러 차례의 엑스포가 개최되었는데 1889년 파리 엑스포(Paris Expo)를 기념하여 에펠탑이 건설되었고, 1900년 파리 엑스포에는 파리 지하철이 개통되었다.

Abbesse 역(아르 누보 양식, l'Art nouveau)

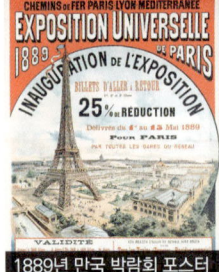
1889년 만국 박람회 포스터

1889년 만국 박람회에 전시된 기계관 모습

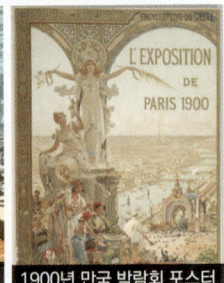
1900년 만국 박람회 포스터

파리와 세계 대전(Paris et les Guerres mondiales)

제1차 세계 대전(World War I) 당시 독일 제국의 침공으로 파리는 함락 일보직전까지 놓였고 프랑스 정부는 보르도(Bordeaux)로 피신하였다. 그러나 마른 전투(Battle of the Marne)에서 독일군이 패배해 파리는 간신히 함락 위기를 넘길 수 있었다.

제1차 세계 대전과 제2차 세계 대전 사이 파리에는 세계적인 예술가들이 몰려들어서 예술 도시로 세계적 명성을 날렸다. 그리고 그 당시 파리로 건너온 예술가들은 파리파(Ecole de Paris)라고 불리었다.

항복(la Capitulation)

그러나 제2차 세계 대전(World War II)이 발발하고 1940년 5월 10일 독일이 베네룩스(Benelux)를 공격하는 척하며 강력한 기동 부대를 아르덴 산맥으로 보내 연합군의 옆구리를 두 동강 내버린 후 프랑스 북부를 휩쓸며 베네룩스의 연합군은 덩케르크(Dunkerque)에서 간신히 빠져나가 독일군의 정면 공세를 막아낼 정규군이 없어지게 된 프랑스는 6월 10일 파리를 무저항 도시로 선언, 독일군에게 6월 14일 저항 없이 내주게 된다.

샹젤리제(Champs-Elysees)를 행진하는 독일군을 본 시민들은 프러시아-프랑스 전쟁 때 겪었던 수모를 또 겪게 되어서 참담했다고 한다.

아직까지도 히틀러의 에펠탑 사진은 2차 세계 대전 프랑스의 굴욕을 상징하는 사진으로 자리잡고 있다.

히틀러가 에펠탑에 온다는 소식에 올라가지 못하도록 프랑스 측에서 에펠탑의 전기를 끊어버렸다는 것도 매우 유명한 일화이다.

독일 점령 하에 파리 시민들 중에는 독일에 협력한 사람도 있었는가 하면 레지스탕스 활동에 뛰어들어 독일에 저항한 사람들도 있었다.

샹젤리제를 행진하는 독일군을 표현해 본 합성 사진

히틀러가 에펠탑에서 찍은 사진

파리는 불타고 있는가?(Paris Brûle-t-il?)

노르망디 상륙작전(Normandy landings) 이후 1944년 8월 15일에 파리는 연합군과 자유 프랑스군에 의해 해방되었다.

파리가 함락당하기 직전, 아돌프 히틀러(Adolf Hitler)는 파리에 주둔한 독일군 사령관 디트리히 폰 콜티츠(Dietrich von Choltitz) 보병 대장에게 파리를 파괴하라는 명령을 내렸다.

노트르담 대성당, 루브르 박물관, 콩코드 광장 등 파리의 유명한 문화유산들에 폭탄물이 설치되어 콜티츠가 히틀러 명령을 충실하게 따랐다면 파리의 수많은 문화유산들이 파괴되었겠지만, 콜티츠는 "나는 아돌프 히틀러의 배신자가 될지언정, 파리를 불바다로 만들어 인류의 죄인이 될 수는 없다"라며 히틀러 명령을 거부하고 항복하는 길을 택했다.

이때, 콜티츠는 명령을 따라야 하나 말아야 하나를 고민하다가 자신의 아내에게 전화했다. 그리고 명령을 거부하겠다는 콜티츠의 말을 들은 아내는 "당신이 자랑스럽다"라고 이야기했다고 한다.

이 당시 히틀러는 9번이나 전화를 하여 "파리는 불타고 있는가?(Brennt Paris? / Is Paris Burning?)"라고 질문했는데 이 말은 르네 클레망 감독의 1966년작 '파리는 불타고 있는가?(Paris Brûle-t-il?)'로 영화로 만들어지면서 영화 제목이 되었으며 게임 코만도스 2의 마지막 미션 제목도 'Is Paris Burning?'이다.

명령을 무시하고 항복한 콜티츠와 부하들은 파리 한복판을 끌려가면서 파리 시민들에게 야유 및 욕설, 침까지 맞는 비참한 신세를 겪지만 레지스탕스와 경찰들은 그들을 지키면서 안전을 보장했다. 레지스탕스 지도자 앙리 롤 탕기(Henri Rol Tanguy)는 나중에 회고하길, "파리를 지켜준 그의 인도적 태도와 도덕적 결단을 높이 평가하여 그들을 건드리지 않았다"고 했다.

그리고 콜티츠 중장은 종전 뒤에 전쟁 포로로 2년 정도 복역했지만 파리를 불바다로 만들지 않은 공을 높게 인정받아 풀려나게 되었고 파리시를 무사하게 놔둔 것에 대한 감사장과 명예시민증까지 받았다.

독일군 점령시 호텔 르 뫼리스(Hotel le Meurice) 모습

현재 호텔 르 뫼리스(Hotel le Meurice) 모습

파리를 구한 독일군 사령관
디트리히 폰 콜티츠 보병 대장

콜티츠는 1956년에 파리를 조용히 방문했는데 바로 나치 독일군 지휘 본부가 있었던 바로 그 호텔 르 뫼리스(Hotel le Meurice)를 잠깐 들러갔다고 한다.

당시 호텔에서 오랫동안 일했던 직원의 말에 의하면, 콜티츠는 아주 단정한 자세로 세월의 경과에 조금은 놀란 듯한 눈치로 호텔을 둘러봤다고 한다. 이를 알게 된 호텔 매니저가 콜티츠에게 샴페인을 권했지만, 콜티츠는 사양한 채 몇 분을 둘러보다 호텔을 떠났다.

콜티츠가 1966년 숨을 거두자 프랑스에서는 레지스탕스 지도자와 프랑스 전현직 장군들과 외교관까지 콜티츠의 장례식에 참여하여 명복을 빌었고 히틀러의 명령을 어기고 파리를 놔둔 것에 대한 감사를 표했다.

전후에 파리는 교외로 확장되어 계속 인구가 증가하게 하는 역할을 했다. 1968년의 대규모 학생 및 사회운동인 68운동은 파리에서 전 세계로 확산되기도 했다.

오늘날 파리는 프랑스의 정치, 경제, 문화의 중심지이자 세계적인 문화, 예술, 패션의 도시로 그 명성을 유지하고 있다.

대규모 학생 및 사회운동인 68운동

내가 본 파리

파리 근교(les banlieues de Paris)

놔용(Noyon, 파리 북동쪽 120km)

칼뱅 생가/박물관

칼벵 박물관 내부

놔용 성당

1561 빠씨회담(Colloque de Poissy) 그림

1561 빠씨회담 참가자 설명

1561 빠씨회담(Colloque de Poissy)

앙리 2세 사망 후 어린 샤를르 9세(1550~1574)가 즉위하고 섭정으로 모후인 카트린 드 메디치(Catherine de Médicis)가 권력을 행사하며 국가 통합을 위한 종교 화해를 시도했다. 파리 근교 빠씨의 도미니코 수도원에서 종교토론회 소집했다.

주요 인물

- 가톨릭 측 : 샹티유 추기경, 로렌느 추기경 외
- 개신교 측 : 제네바에서 온 테오도르 드 베즈(Théodore de Bèze)(칼뱅의 후계자)
- 중재자 : 카트린 드 메디치(Catherine de Médicis)

죠세프 니콜라 로베르 플루리
(1797-1890)
1561년 푸아씨 회담, 1840
캔버스 유화

오라스 베르느와 앵루이 지로드의 학생인 로베르 플루리는 16세기의 역사적 사건을 소재로 많은 그림을 그렸습니다. 당시의 많은 화가들과 마찬가지로, 그는 르네상스의 문명에 매료되었습니다. 1840년의 살롱에서, 이 그림은 '역사적인 중요한 사건들의 전문가'였던 이 화가의 최고 걸작들 중 하나로 인식되었습니다.

위치: 강연장 변경됨. 식당에서, 여왕은 많은 사람이 들어갈 수 없는 낮고 좁은 홀을 선택했습니다.

인물: 그림 하단의 스케치를 보십시오.

재현 장면: 1561년 9월 24일에 교황의 사절인 동방의 이포리트 추기경과 함께 로마에서 도착한 디에고 라네즈의 내정 간섭의 날에, 개신교 행정관들과 가톨릭 권력가들이 서로 마주보고 있습니다. 라네즈는 회의의 구두 심판의 기록안에 의한 '기독교의 책'에 대한 폭언으로 많은 신학 논의를 방해받았으며, 이로 인해 '여왕의 눈에서 눈물이 흐르게' 됩니다. 이 화가는 표현상의 목적을 위해 간략히 재현하면서 일부 인물들을 생략하고 있으며, 장소를 바꿨습니다. 오른쪽에 왕의 형이 보이지 않게 되었으며, 여왕의 왼쪽에는 잔느 달베르가 혼자 있고, 마르게리트 드 발루아는 없어졌습니다. 앙트완 드 부르봉은 두 번째 위치에 있습니다. 라네 장군이 가운데 선 채로 여왕의 귀에 무언가를 속삭입니다. 아부하듯이 그녀에게, 그리고 회의의 다른 사람들에게 말합니다. 수상이 마치 그림자처럼 왕의 뒤에서 발언하는 테오도르 드 베즈에게 두 눈을 고정시키고 있습니다. 두 명의 추기경(투르논, 로레인)은 법정에 좀 더 가까이 있으며, 권력을 가진 성직자가 쥬네브의 수상 주변에 검은 옷을 입고 있는 목사들에 대항하고 있습니다. 오른쪽 끝의 근위병은 세부적이며 장식적인데, 반원 모양을 이루고 있는 참가자들의 무리 끝에 있습니다. 여기 성인 추기경의 왼쪽에 보이는 갑옷을 입고 있는 기즈 공작은 필연적으로 이어지게 될 전쟁을 상징합니다.

루브르 소장 inv 7672

토론 주제 : 핵심 쟁점은 성찬(성체성사)

가톨릭은 화체설(빵과 포도주가 실제로 그리스도의 몸과 피로 변화한다)을, 위그노는 상징적 의미임(그리스도의 임재는 영적으로 함께 한다)을 주장했다. 양측의 입장이 좁혀지지 않아 1562년 위그노 전쟁으로 이어지는 계기가 되었다.

성경의 무게(1562)

성경의 무게는 교황을 비롯한 모든 인간이 기록한 책의 권위보다 더 무겁다는 것을 말해주고 있다. 이 판화는 두 대립하는 집단을 묘사한 그림으로 나뉘어 있으며, 가운데 천장에는 거대한 저울이 걸려 있다.
왼쪽에는 가톨릭 교회의 저명한 지도자, 신도, 지지자들이 작은 악마의 도움을 받아 저울의 무게를 재는 모습이 그려져 있다.
오른쪽에는 거대한 성경 한 권으로 저울의 무게를 결정적으로 유리하게 기울인 종교 개혁파의 모습이 그려져 있다. 판화 오른쪽 하단에는 1562년이라는 날짜가 적혀 있다.

모(Meaux, 파리 동쪽 60km, 놔용에서 남쪽으로 90km)

모(Meaux)는 1세기 전부터 형성된 도시로 갈리아(Gallia) 시대 때는 멜디(Meldi, 켈트계) 부족의 수도였고 갈로 로만의 성벽이 남아있다. 4세기

강 건너에서 본 성당

에는 주교의 자리인 사교좌가 설치되었고 종교회의가 자주 열리며 종교의 중심지 도시로 성장했다. 16세기에는 신교의 중심지이기도 했다.

1518년 기욤 브리소네(Guillaume Briçonnet)가 파리 동쪽 60km에 소재한 모(Meaux)의 성당에 주교로 임명되었다. 모는 마른느(Marne) 강가에 세워진 아름다운 도시이다. 이곳에서도 브리소네를 중심으로 인문주의자들과 개혁의 열망을 가진 자들이 모여들었.

그의 스승이었던 데타플(Jean Lefèvre d'Etaples, 1450~1536)과 데타플의 제자였던 파렐(Guillaume Farel, 1489~1565)도 동참했다.

데타플은 모임을 교회 개혁의 토론장으로 만들어갔다. 그 모임을 모그룹(Cénacle de Meaux, 1521~1525)이라고 부른다. 그들은 가톨릭 교회를 변화시키려 노력은 했으나 1525년 소르본느(Sorbonne)의 결정에 따라 브리소네는 모 그룹을 해체하기에 이르렀고 이에 실망한 파렐은 스트라스부르(Strasbourg)와 스위스로 망명했다. 아쉬움이 남는 대목이다.

모(Meaux)의 개혁교회 전경

그러나, 그들이 뿌린 씨앗은 열매를 맺었다. 모의 개혁공동체가 세워졌고 1546년에는 성도가 400명으로 부흥했다. 하지만, 40명의 성도가 체포되었고, 그 가운데 14명은 모에 있는 마르셰 광장에서 화형 당했다.

1546년에 설립되어 프랑스 최고(最高) 개혁교회임을 나타내는 명판

화형 당한 14인의 이름이 씌어진 명판(교회내에 걸려 있다)

생 테티엔 대성당(Cathedral of St. Etienne)

플랑보와이양 양식의 창

생 테티엔 대성당(Cathedral of St. Etienne)은 12세기에 시공되어 증축을 거치며 16세기에 완성되었다. 성당 정면의 '최후의 심판'과 '성모의 세례 요한'의 이야기를 담은 조각이 섬세하게 아름답다.

플랑보와이양 양식의 성당의 탑이 유명하며, 성당 안에는 웅변가이자 신학자로 유명한 사교 보쉬에(Jacques Bé-nigne Bossuet, 1627~1704)의 묘가 있다.

보쉬에 박물관

이곳에서 볼 만한 곳으로 보쉬에 박물관(Biesbosch Museum)과 주교의 미트라(Mitra) 모자 모양을 연상시키는 정원(Le Jardin Bossuet)이다. 보쉬에 박물관(Biesbosch Museum)은 12세기에 지어져 17세기에 증축된 사제관으로서 역사문화재로 보존 중이다.

보쉬에 박물관 내부 모습

정원은 베르사이유 궁전(Château de Versailles)의 정원을 설계했던 르노트르가 설계한 곳으로 전형적인 프랑스식 정원으로 아름답다.

모는 '치즈의 왕이자 왕들의 치즈'로 불리는 '브리 드 모(Brie de Meaux)' 치즈로 유명한 도시이기도 하다. '브리 드 모' 치즈는 8세기부터 생산되던 치즈로 섬세한 질감과 향, 맛이 뛰어나, 1814년 빈(Wien)의 치즈 콘테스트에서 만장일치로 1위를 차지하면서 더욱 사랑받게 된 치즈이다.

브리 드 모(Brie de Meaux) 치즈

프랑스 중서부(le centre-ouest de France)

오를레앙(Orléans, 파리 남쪽 136km)

오를레앙(Orléans)은 역사적으로 위그노의 저항과 독립성을 상징하는 도시로 인식된다.

16세기 중엽, 오를레앙에는 칼뱅주의 교회와 학교, 인쇄소가 있었으며, 위그노들이 인쇄한 종교개혁 문서들이 배포되었다.

오를레앙은 1562~1563년 위그노의 거점 도시였고, 프랑스 종교 전쟁의 중요한 무대였다.

위그노의 중심 도시들 중 하나는 아니지만, 프랑스 종교 전쟁의 초기에 중요한 역할을 했고, 위그노와 관련된 사건들이 실제로 벌어진 도시이다.

오를레앙(Orléans)

1562년 프랑스 종교 전쟁(1차)이 발발하자, 콜리니 제독과 콩데 왕자가 이끄는 위그노 세력이 오를레앙을 장악, 위그노의 임시 수도 역할을 하며 군사적·정치적 중심지가 되었으며, 1563년 오를레앙 공성전에서 가톨릭 연합군이 오를레앙을 포위했으나 기즈 공 프랑수아 드 로렌(François de Lorraine)가 이때 저격당해 사망하였다. 이 사건이 가톨릭측에 큰 충격을 주어 1차 종교 전쟁의 종결을 촉진시켰다.

오늘날 오를레앙에 남은 위그노 흔적은 유감스럽게도, 물리적으로 남아있는 건축물은 거의 없다. 위그노 예배당(temples)은 대부분 퐁텐블로 칙령(1685년) 이후 파괴되거나 개조되었다.

오를레앙(Orléans) 인근의 위그노 관련 유적 및 장소

1. 개신교 교회와 칼벵 동상
2. 오를레앙 대성당(Cathédrale Sainte Croix d'Orléans)
3. 오를레앙 대학(Université d'Orléans) : 1528년, 아버지의 권유에 따라 장 칼벵이 법학 공부한 곳
4. 부르쥬(Bourges) : 오를레앙(Orléans)에서 125km 거리, 장 칼벵이 1529년 8개월간 머무르며 추가 법학 공부한 곳. 추후 제자가 되는 피에르 베자(Pierre Béze) 만남.
5. 샤토 드 샤므롤(Château de Chamerolles) : 오를레앙 인근 루아르 계곡에 위치한 이 성은 프랑스 내 유일한 개신교 성곽이자 1620년대, 오를레앙 대학교 칼뱅주의자들의 중심 거점 역할을 했다.
6. 성 베르텐교회(Église Saint Paterne) : 1562년, 개신 교도(위그노)들은 요새를 건설하기 위해 종탑을 파괴했고 그 후 본당 사제인 자크 게세를 교수형에 처했다. 1567년에 교회를 철거했다.

오를레앙의 개신교회

칼뱅의 동상

귀하게 찾은 개신교 교회가 시내 중심에 당당하게 서있다. 1839년 5월 Temple Protestant d' Orleans로 헌당하였다. 이 교회 앞 마당에는 칼뱅의 동상이 서 있다. 2009년 칼뱅 탄생 500주년 기념 동상(다니엘 르클레르)을 제작하였다. 전 세계에 오직 5점뿐인 칼뱅 동상 중 하나로, 상당한 희소가치가 있다. 학생 시절의 칼뱅을 모델로 한 모습으로 오를레앙에서 공부했던 시절을 기념하며, 학생으로서의 칼뱅은 그가 오를레앙 역사에 깊이 뿌리박힌 인물임을 상징적으로 드러낸다.

개신교 교회 너머로 오를레앙 성 십자가 성당(Cathédrale Saint-Croix d'Orléans)이 보인다. 이 성당은 1429년 백년 전쟁 당시 오를레앙을 해방시킨 잔 다르크가 성당에서 군중 앞에서 기도하였으며 1560년대 종교

개신교 교회 뒤로 보이는 오를레앙 성 십자가 성당
주소 : Place Saint Pierre Empont

전쟁시 위그노에게 19세기 혁명 시에는 성난 시민에게 일부 파괴되었으나, 현재 복원되었다.

술 취한 모습의 남자가 REFORME URGENTE(응급 개혁)이라는 팻말을 들고 있다. 당시 정치적, 사회적 상황에서 개혁이 시급함에도 사람들이 무책임하거나 우스꽝스럽게 행동한다는 점을 조롱하는 것인지….

개혁 자체를 풍자하는 것인지….

개신교회 근처에서 발견한 한국 식당 〈Kimmé〉, 부인(한국 여성)과 남편(프랑스 남성)의 이름을 따서 지었단다. 프랑스의 지방 도시에서 전식으로 육회를 먹고 본식으로 돌솥비빔밥을 먹으며 한류의 힘을 느낀다.

개신교 교회 앞 골동품 가게에서 발견한 인형

개신교회 근처에서 발견한 한국 식당 〈Kimmé〉
주소 : 137 Rue de Bourgogne 45000 Orléans

성 십자가 성당(Cathédral Sainte-Croix)

잔다르크 거리와 성 십자가 성당

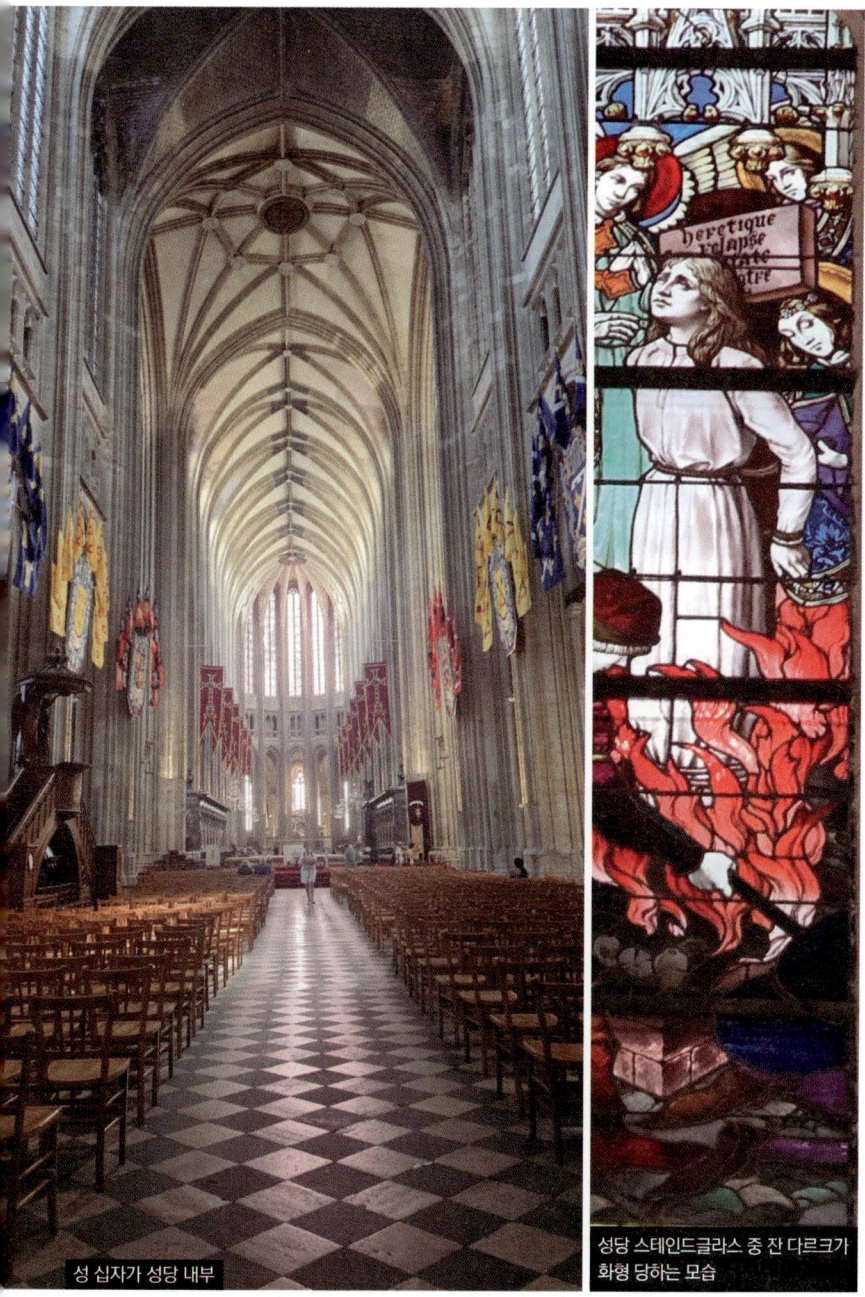

성 십자가 성당 내부

성당 스테인드글라스 중 잔 다르크가 화형 당하는 모습

내가 본 파리

프랑스 남부

광야 교회(Le Musée du Désert)

광야 박물관(Le Musée du Désert)는 프랑스, 특히 세벤느 개신교 역사를 전시하는 박물관이다. 그 이름은 퐁텐느블로 칙령(1685)으로 낭트칙령 철회와 베르사이유 관용칙령(1787) 사이의 102년간의 광야를 의미하며, 이 기간 동안 프랑스에서 개신교는 불법이었다.

1910년 카미자르 지도자 피에르 라포르트(pierre laporte)(롤랑으로 알려짐)의 고향에 건립되어 1911년 개관하였다.

광야 박물관의 20개의 연속된 방을 통과하는 경로를 따라가면 개신교 역

잔다르크 거리와 성십자가 성당

사의 주요 시기, 세벤 지방 개신 교도들의 일상생활의 요소(가구와 친숙한 물건, 은신처, 무기와 지도, 금서, 고문 도구, 갤리선 등)와 이 종교의 숨겨진 관행(이동식 설교단, 예배 대상, 성경, 세례, 결혼, 사망에 대한 비밀 기록)을 떠올리게 한다.

3월 1일부터 11월 30일까지 운영된다.

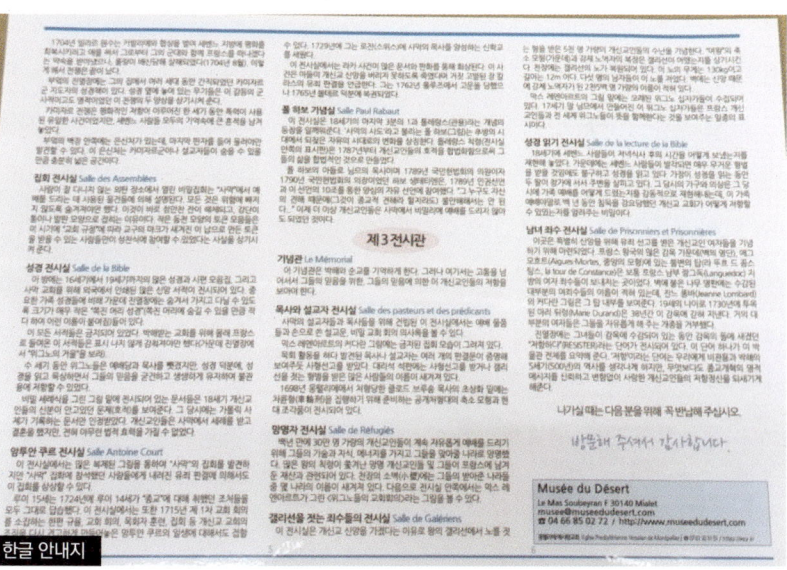

한글 안내지

'광야'라는 단어는 개신 교도들에게 매우 구체적인 시기를 정의한다. 1685년 루이 14세의 퐁텐느블로 칙령(Édit de Fontainebleau)으로 낭트 칙령(Édit de Nantes)을 폐지 이후 1787년 루이 16세가 서명한 관용 칙령(Patent of Toleration)으로 더욱 유연해지면서 개신 교도들이 양심의 자유가 인정되는 관용을 받고, 프랑스 혁명(Révolution française)으로 끝날 때까지의 시기. 즉, 위그노 교도들이 종교를 실천하기 위해 망명하거나 숨어야 했던 시기이다.

광야는 시나이반도에서 40년간의 탈출 기간 동안 히브리 민족의 방황과 고난을 떠올리게 하기 때문에 성경적 의미가 강하다.

실제로 광야는 카미자르족이 왕의 기병대로부터 자신을 보호하고 기도하기 위해 피난처로 삼았던 세벤느(Cévennes) 산맥의 은신처, 야생 지역, 외딴 계곡, 동굴, 숲을 의미한다.

광야 집회(Assemblée du Désert)

매년 9월 첫째 일요일에는 15,000명에서 20,000명의 개신교인들이 1911년 9월 24일에 처음 개최된 광야 집회(Assemblée du Désert)를 위해 프랑스 전역과 스위스, 독일, 네덜란드, 영국, 덴마크, 아일랜드, 미국, 남아프리카에서 박물관을 찾는다.

오전 성찬식 후 오후에는 연도에 따라 다양한 주제에 대한 패널 토론을 하며, 종종 어떤 사건이나 사람을 기념한다.

광야 집회 그림

2025년 예배의 주제는 L'esprit souffle où il veut(성령이 가는 대로), 다양성과 개방성을 강조하는 메시지를 담고 있다.

2025년 9월 5일(첫 주일) 남프랑스 미알레 광야 교회 인근 숲에서의 광야 예배

탑 안의 우물가에서 기도하는 순례객들

2009년 9월 6일, 주제는 장 칼뱅의 500번째 생일이었으며, 2010년 9월 5일, 주제는 앙트완느 쿠르(Antoine Court) 서거 250주년이었다. 이 날은 전통적으로 찬송가 La Cévenole(1885)로 마무리된다.

> **La Cévenole 가사 한글 번역(첫 부분)**
>
> Salut montagnes bien aimées, 사랑하는 산들이여, 안녕,
> Pays sacré de nos aïeux. 우리 조상들의 거룩한 땅이여.
> Vos vertes cimes sont semées, 초록빛 봉우리들은 흩어져 있네,
> De leur souvenir glorieux. 그들의 영광스러운 기억으로.
> Élevez vos têtes chenues 그대들의 늙은 머리를 들어 올려라,
> Espérou, Bougès, Aigoual, 에스페루, 부제, 에고알 산들이여,
> De leur gloire qui monte aux nues, 하늘 높이 오르는 그들의 영광을,
> Vous n'êtes que le piédestal. 그대들은 그저 받침대일 뿐이다.
>
> Refrain, 후렴 :
>
> Esprit qui les fis vivre, 그들을 살게 하신 영이여,
> Anime leurs enfants 그들의 자손들에게 생명을 불어넣어 주소서,
> Pour qu'ils sachent les suivre. 그들이 그들을 따라갈 수 있도록.

마리 뒤랑(Marie Durand)이 쓴 글씨 RESISTER(저항하라)

레지스테는 오늘날까지 위그노의 정체성을 상징하는 단어가 되었다.

마리 뒤랑이 우물가에 쓴 RESISTER(저항하라)

일상 기구 및 고문 도구

사람을 묶어 돌리는 고문 도구

성찬 기구

콩스탕스 탑에서 예배드리는 수감자들(마리 뒤랑과 동료들)
호롱불도 없이 오로지 탑의 화살 쏘는 구멍을 통해 들어오는 빛에 의지함

갤리선

샤를르 쥐스트 드 보보
Charles-Juste de Beauvau(1720~1793)

랑그도크(Languedoc) 지역(우리의 도(道)보다 조금 넓은 행정 구역)의 통치자인 샤를르 쥐스트 드 보보(Charles-Juste de Beauvau)는, 1767년 콩스탕스 탑(Tour de Constance)을 방문한 후, 그들이 고발당한 유일한 죄목이 국왕의 종교가 아닌 다른 종교를 가졌다는 것뿐이라고 생각하여 자의로 석방했다.

레지스탕스의 길

광야 박물관에서 아픔과 감동의 시간을 보낸 후 밖으로 나오면 근처에 레지스탕스의 길 표지가 나온다. 마리 뒤랑(Marie Durand)이 콩스탕스 탑에 새긴 레지스테의 명사형이다. 레지스탕스(La Résistance)는 20세기 중반에 프랑스 현대사의 자존심을 지켜준 단어이다.

레지스탕스의 길 표지

에그 모르트(Aigues Mortes)

파리 정남쪽 750km, 네락(Nerac)에서 동쪽으로 400km, 몽펠리에(Montpellier)에서 동쪽으로 34km에 위치해 있다. 이곳에 저항의 대명사 마리 뒤랑이 38년간 갇혀있던 콩스탕스 탑(Tour de Constance)이 있다. 이곳을 지나 탑 안으로 들어가 무려 38년을 갇혀 있었다.

콩스탕스 탑 입구

콩스탕스 탑 입구(마리 뒤랑은 이 입구로 들어가 38년간 갇혀 있었다)

콩스탕스 탑 안에서 바라본 바깥의 모습

콩스탕스 탑에서 밖으로 나오자마자 보이는 탁 트인 지평선.
마시는 공기의 맛이 안과 밖이 완연히 다르게 느껴진다.

콩스탕스 탑의 안내판
마리 뒤랑 1730년 투옥, 1768년 석방(석방 책임자 사진 : 드 보보 De Beauvau) 1787년 관용 칙령 / 1789년 혁명

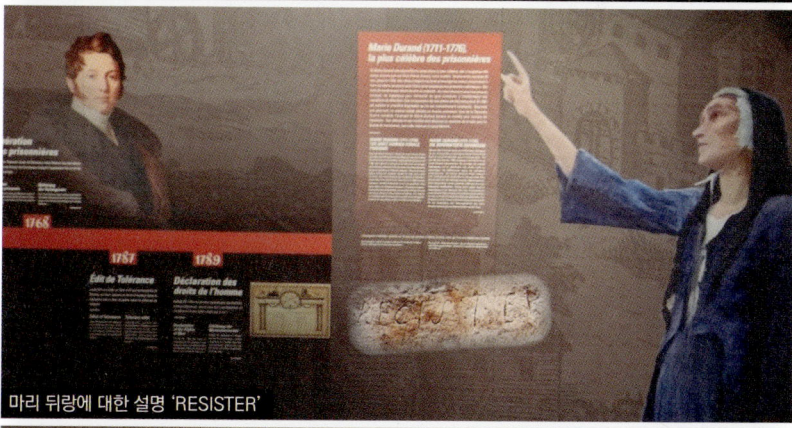

마리 뒤랑에 대한 설명 'RESISTER'

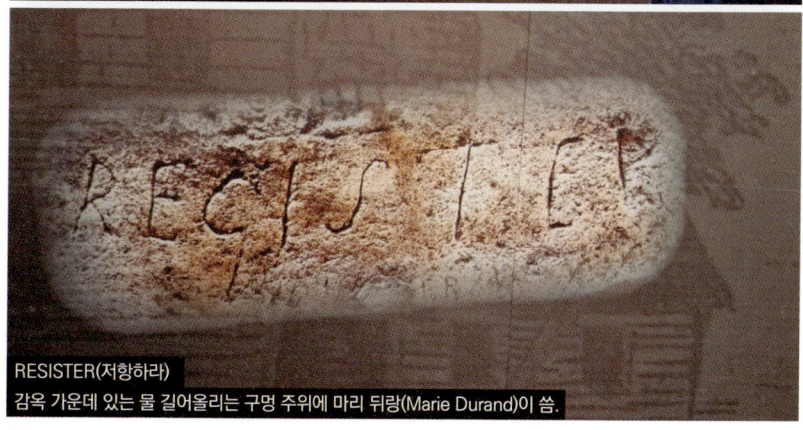

RESISTER(저항하라)
감옥 가운데 있는 물 길어올리는 구멍 주위에 마리 뒤랑(Marie Durand)이 씀.

콩스탕스 탑 입구에 있는 표지석

내가 본 파리

여행지

성지순례 여행이라고 해도 일반 여행지를 전혀 들리지 않을 수가 없다. 그리고 그것이 빠지면 여행 자체의 의미도 반감된다. 그들이 어떤 문명을 이루고 어떻게 살아왔고 어떤 유적들이 남아 있는지, 그리고 그들의 현재의 살아가는 모습은 어떤지….
사실 여행은 모든 것을 보는 것이다.

베르동 협곡(Gorges du Verdon)

유럽의 그랜드 캐년(Grand Canyon)으로 불리는 베르동 협곡은 위그노의 주요 활동 무대는 아니었으나, 프랑스 종교 전쟁 및 위그노 박해 맥락 속에서 이 지역이 일시적으로 피신하거나 망명길에 올랐던 장소로서 관련된다. 세벤느(Cevennes)와 마찬가지로 지형이 험하고 접근이 어려워 군대의 진입을 피하기 좋은 곳이기에 은신처로 삼았다는 기록이 있다.
협곡과 산악지형은 추격으로부터 숨기 좋은 자연적 통로이다. 위그노들은 이 협곡을 통해 스위스로 탈출했다. 헐벗고 굶주린 위그노들이 부르튼 발로 울며 지나간 이곳이 세계적인 명승지라는 것이 참으로 아이러니하다.

> 광야 박물관과 콩스탕스 탑에서
> 끔찍한 고문 기구들을 보며 움츠러들었던
> 몸과 마음을 환하게 해주는 베르동 협곡 상류와 하류

베르동 협곡(Gorges du Verdon) 상류

베르동 협곡(Gorges du Verdon) 하류

베르동 협곡(Gorges du Verdon) 하류에서 카약과 보트를 타는 사람들

위그노 관련 방문 추천 장소

프랑스

- 파리 남쪽

- 낭트(Nantes, 파리 남서쪽 385km)
- 뿌아투(Poitou, 파리 남서쪽 409km)
- 라 로셀(La Rochelle, 파리 남서쪽 475km, 낭트에서 남쪽으로 137km)
- 네락(Nerac, 파리 남서쪽 705km)
- 몽펠리에(Monpellier, 파리 남쪽 750km)

- 파리 동쪽

- 바씨(Wassy, 파리 동쪽 240km)
- 운터린텐 박물관(Le Musée Unterlintern, 파리 동쪽 515km)
- 토마스교회(L'Eglise Saint-Thomas de Strasbourg, 파리 동쪽 500km)
- 방패교회(L'Eglise réformée du Bouclier Strasbourg, 파리 동쪽 500km)

스위스 제네바

- 생 삐에르교회(Place du Bourg de Four 24, 1204 Genève, Suisse)
- 칼뱅의 무덤(Rue de Rois, 1204 Genève, Suisse)
- 종교 개혁자의 부조(Prom.des Bastions 1, 1204 Genève, Suisse)

저항하라 마리 뒤랑의 노래 서문

저자 성원용 목사

돌 속에 새겨진 노래, 저항하라~

햇살이 핑크빛 소금 언덕을 스치고 지나가는 늦여름 오후. 바다와 염전, 그 사이에서 중세의 성곽이 조용히 시간을 굽어보고 있었다. 에그 모르트. 한때 십자군들이 배를 타고 전쟁터로 떠났던 도시, 성 루이 왕이 조성한 성, 지금은 관광객의 웃음꽃이 가득한 평화로운 마을이지만, 그 깊은 땅속엔 눈물과 찬송으로 물든 위그노들의 이야기가 흐르고 있다.

바닷바람을 타고 돌 벽을 감도는 그 침묵의 탑, 높이 40미터, 지름 22미터, 바다를 등진 그 탑은 지금도 마리 뒤랑의 숨결을 간직한 채 무거운 침묵으로 서 있다.
그 탑 안에서 38년의 세월이 흘렀다. 그 답은 감옥이 되어 그녀의 인생을 송두리째 가두었으나 그녀의 양심은 가둘 수 없었다. 가련한 여인의 삶은 돌 사이를 뚫은 강력한 생명력으로 피어났고, 지금도 그 꽃을 추억하는 이들의 발걸음이 끊이지 않는다.

1730년, 포승줄에 묶인 19세의 젊은 여인 마리는 차갑고 음습한 콩스탕스 탑으로 들어섰다. 그녀는 신혼의 단꿈에서 깨어나지도 못한 채, 혼인 3개월 만에 남편과 생이별했다. 남편과 함께 잠들던 그 집의 벽돌 냄새,

아버지와 나누던 대화, 그리고 한 번쯤 품었던 평범한 삶의 꿈들은 그날, 탑문이 닫히는 소리와 함께 묻혔다. 죄목은 단 하나, 광야 교회 목사인 그녀의 오라비 삐에르 뒤랑이 자신의 집에서 진행하는 개신교 예배에 참석했다는 이유이다. 가톨릭으로 개종하라는 왕의 명령에 "Non."이라고 한 그 한 마디가 그녀의 자유를 앗아갔다. 하지만 그녀의 '아니요'는 곧 자신이 믿는 하나님께 대한 '예'가 되었다. 탑의 내부는 침묵으로 가득했다.

고통과 절망을 이기지 못한 여인들의 입에서 나오는 신음은 돌 벽을 한 바퀴 돌아 다시 그들의 귓전에 작은 메아리로 찾아왔고, 밤이면 쥐들이 돌 틈을 오갔고, 비가 오고 바람이 부는 날이면 천장의 구멍과 뚫린 벽 틈으로 냉기가 들어왔다. 그곳은 감옥이라기보다는 죄수들의 무덤이었다.

하지만 어느 순간부터 그 두터운 돌 벽 사이로 찬송이 흘러나왔다. 밤마다 마리는 시편 68편을 읊조리며 하늘을 향해 노래했다.

> 하나님이 일어나시니, 원수들은 흩어지며...
> 하나님께 노래하며 그의 이름을 찬양하라...

그녀의 목소리는 곧 동료들의 위로였고, 지도력이었다. 병든 여인의 손을 잡고, 자수를 놓으며 그녀는 말했다. "이 탑은 지옥이 아니에요. 우리는 여전히 하나님의 백성이에요. 여긴, 우리가 하나님을 예배하는 성전이에요." 이 말을 듣고 눈을 감던 한 노파는 미소를 지으며 조용히 숨을 거뒀다. 그녀의 마지막 들숨은 "할렐루야"였다.

마리는 글을 썼고, 위로했고, 기억했다. 바닥엔 그녀가 손으로 새겼다고 전해지는 글씨 하나가 남아 있다.

"Resister." 저항하라.

그녀는 침묵하지 않았다. 그녀는 무력하지 않았다. 몸은 옥중에 있으나 양심은 자유는 가둘 수 없다는 것을, 그 단어 하나로 세상에 외쳤다.

그녀가 수감된 동안, 수많은 위그노들이 사라졌다. 그녀는 눈물로 그들을 기억했다. 그리고 시편으로 그들을 위로했다.

고독한 자를 가족과 함께 살게 하시는 하나님,
갇힌 자를 형통하게 하시는 하나님

그녀는 신앙의 광야를 걷는 이들에게, 감옥 안에서 약속의 땅을 바라보는 법을 가르쳤다. 오늘날, 그녀가 살던 작은 돌집에 들어서면 벽난로 위에서 단 한 줄이 우리를 맞이한다.

"Louez l'Éternel" 하나님을 찬양하여라.

그 문장은 오래전, 그녀의 아버지가 새긴 시편 구절이다. 하늘을 향해 찬양하는 자의 고백, 그것은 전쟁도, 칙령도, 죽음의 고통도 지울 수 없었다. 그리고 그 고백은 오늘 우리에게 돼 묻는다.

"너는 불의와 불신앙에 저항하고 있느냐?"
"너는 모든 상황에서 주님을 찬양하고 있느냐?"

내가 본 파리
위그노의 길을 따라
위그노들이 겪은 고난과 순교의 이야기

1판1쇄	2025년 9월 30일
지은이	진병철(cnkfrance@hotmail.com)
발행인	박상헌
발행처	도서출판 **열린북스**
주 소	서울특별시 서대문구 홍제내2바길 22
전 화	02) 6204-2226
메 일	bussyfree@naver.com
도서주문	010-7722-2226
편 집	이수정
디자인	**CNBLUE** Design
제 작	진광문화사
등록번호	제25100-2016-000047호
등록일자	2016. 6.16
ISBN	979-11-89338-23-7 00230

© 진병철, 2025

- 이 책은 도서출판 **열린북스**가 저작권자와의 계약에 따라 발행한 것이므로 본사의 허락 없이는 이 책의 일부 또는 전체를 이용하실 수 없습니다.
- 파본이나 잘못 인쇄된 책은 구입하신 서점에서 교환해 드립니다.
- 책 가격은 표지에 있습니다.